文庫

酒場めざして

町歩きで一杯

大川渉

筑摩書房

もくじ

まえがき……7

第一章　華やかさと懐かしさ

川のない橋めぐり　銀座、築地、佃島かいわい……12

さらに足をのばして

三州屋（銀座）…32　銀座ささもと（銀座）…34　てまり（新橋）…36

割烹　大徳（新橋）…38　榊（芝大門）…40　魚料理　芝文（浜松町）…42

築地はなふさ（築地）…44　貝焼き屋台　和光（築地）…46

理想の酒飲み像とは……50

第二章　テッテイ場末歩き

つげ義春の漫画に誘われて　立石から柴又へ……54

さらに足をのばして

春（柴又）…68　ろばた焼　幹（松江）…70　割烹　升本（亀戸）…72

ちゃんこ　北瀬海（小岩）…74　とりあへず（四つ木）…76

ゑびす（四つ木）…78　地酒・小料理　さくらい（立石）…82

最もうまいビールとは……84

第三章　川風に吹かれて
宿場町に江戸の名残　千住を南北縦断……92
さらに足をのばして
一代（浅草）……106　割烹　十味小野屋（浅草）……108
三四郎（錦糸町）……110　千両（北千住）……112　ときわ食堂（町屋）……114
味和居割烹　たむら（入谷）……116　和味（谷中）……118
ふじ芳（浅草橋）……120
危ないのはどっち？……124
第四章　坂の上も下も
文豪の足跡たどる　神楽坂から早稲田へ……130
さらに足をのばして
いちこう（神保町）……144　けむり（神田須田町）……146　祇園（本郷）……148
季節料理　姿（神楽坂）……150　愛情小料理　筑前（荒木町）……152
甘いようで甘くない　ラムは繊細で奥深い酒……154
第五章　海を感じながら
旧東海道の名所を訪ねて　品川から大森へ……162

さらに足をのばして
大山酒場（大井町）……180　千世（羽田）……182　山幸（門前仲町）……184
深川　志づ香（門前仲町）……186　割烹　い奈本（芝浦）……188
季節料理　こばやし（大森）……190
猛暑・豆腐・暗殺……192

第六章　城北の町あっちこっち
有名人の墓と名園巡り　巣鴨から駒込、王子へ……198
さらに足をのばして
まるよし（赤羽）……216　金ちゃん（練馬）……218
酒食処いち（池袋）……220　鏑屋（大山）……222
小石川かとう（小石川）……224　蕎麦人　弁慶（護国寺）……226
食べない人……230

第七章　ちょっと文化の薫り
文士と画家が愛した町　落合から中野へ……236
さらに足をのばして
千草（新宿）……256　きよ香（高円寺）……258　樽酒　路傍（中野）……260
東菊（荻窪）……262　酒舎　はなや（阿佐谷）……264

ワサビとシシャモからみたニッポン……266

第八章　オシャレな町の片隅で

羅漢と競馬と寄生虫　目黒の名所を訪ねて……272
さらに足をのばして
みうら（渋谷）……290　てんまみち下北沢（下北沢）……292
藤八（中目黒）……294　銀魚（自由が丘）……296
銘酒処　地酒家（中延）……298　結ふ食　楽屋（SASAYA）（経堂）……300
ほんまもんの酒を求めて……302
あとがき……307
解説　ミドル級呑んべえチャンピオン　堀内恭……309
「さらに足をのばして」で紹介した酒場……315

まえがき

歩くのが好きだ。と言っても、いま中高年にブームの山歩きをするわけではない。京都や鎌倉の古寺を巡るわけでもない。東京の町中《まちなか》をただぶらぶらと散策するだけである。

歩くなら都心のビル街より下町がいい。名所・旧跡を訪ねるのも悪くないが、例えば、木造アパートや町工場が並ぶ裏通りを徘徊し、商店街のアーケードに入りこむ。古本屋で立ち読みをし、肉屋で揚げたてのコロッケを買って食べ、ときに銭湯で汗を流す。こんな町歩きが無性に楽しい。

散歩の途中、よく雀に出くわすが、この小鳥は変わっていて、人家がないところでは繁殖できないという。登山者が山を降りてきて雀を見かけたら、近くに集落があるしるしだと言われるほどだ。僕は、人の暮らす匂いがしないところを歩いても面白くないので、さしずめ〝散歩の雀〟というところか。そして、日が暮れて歩き疲れたら、雀が街路樹で羽を休めるように、古い酒場のカウンターで一杯飲《や》る。

ある日、いつものように下町を歩き回り、夕暮れどき、破風造りの大屋根が素晴らしい銭湯で汗を流した。脱衣場を出て玄関先の広間に行くと、そこで待ち合わせていた熟年夫婦がちょうど銭湯を出ようとするところだった。二人ともキャップをかぶり、デイパックをかついでいる。かれらも町歩きをした後、ひと風呂浴びたようだ。

少し経ってから、僕も表に出て、歩いて十分ほどのところにある名物居酒屋の暖簾をくぐると、さきほどの二人がカウンターに並び、生ビールを旨そうに飲んでいた。その姿を見て、思わず苦笑いしてしまった。行動パターンが、まったく同じだからだ。

最近、この夫婦のように（つまり僕のように）、地図を手に見知らぬ町の路地から路地へと巡り歩き、時分どきになると地元の飲み屋で杯を傾ける、といった町歩きを楽しむ人たちが増えてきたように思う。

こうした場合、町の人気スポットを訪ねる「歩き」が目的なのか、それとも歩き終わった後の「飲み」が大事なのか……。いや、どちらが主役ということもないだろう。最後に旨い酒を飲んで締めるのを目標にすると、自ずと町を歩く脚の動きも軽やかになる、という寸法だ。

酒場めざして町歩き――。はたして健康にいいのか悪いのか分からないが、こんな大人の楽しみがあることを知ってほしい。そう思いながら、終着の酒場にたどり着くべく、僕が都内各所を歩き回った記録を一冊にまとめてみた。

酒場めざして——町歩きで一杯

第一章　華やかさと懐かしさ

川のない橋めぐり　銀座、築地、佃島かいわい

まだ日が高いうちに映画館に入り、見終わって出てくると、たそがれの光が町を蒼く染めているときがある。入場前と風景が一変しているので、タイムスリップしたような気分になる。この感覚が何とも言えない。風薫る初夏なら、そのまま暮れ残る町を歩いて、なじみの酒場へ行き、夜が来る前から一杯やるのは格別だ。

日比谷や有楽町で映画を観た後は、山手線のガードをくぐって銀座まで歩き、例えば、開いたばかりの「銀座サンボア」でハイボールを一、二杯ひっかける。さらに足をのばして、新橋や築地かいわいの魚の旨い居酒屋の暖簾をくぐり、燗酒をちびりちびりと飲むのもいい。

サンボアのハイボールには氷が入っていない。炭酸水《ソーダ》とウイスキーを混ぜたときの濃度と温度が絶妙なのか、舌にほのかに甘酸っぱい味を残して、のどをすうっと通っていく。

焼酎のハイボール、いわゆる酎ハイには普通、氷が入っているが、墨田区や葛飾区の古い酒場で出るそれは、なぜかサンボアのハイボールと同じように氷なしだ。なかでも、京成八広駅前にある「日の丸酒場」の焼酎ハイボールは、独特の作り方をする逸品である。店の人は、まず小瓶の炭酸水をグラスに一気に注ぎ、そこに梅割りエキスで色づけした焼酎を注ぎ足していく。ちょうど、薄いグラスの縁ぎりぎり、ちょっと表面張力で盛り上がるように注ぐのが職人技だ。グラスに満たされた液体は琥珀色で、ウイスキーと見分けがつかない。ウイスキーとは違った甘酸《や》っぱさがあり、味もいける。名物のビーフシチューを肴に、この焼酎ハイボールを飲るのはたまらないんだよなあ……。

と、酒を飲む妄想ばかり膨らましていたら、これから昼すぎの銀座を歩こうというのに、一歩も前に進めなくなる。よし、決めた。きょうの銀座を皮切りに、東京のいろんな町を歩きまわるつもりだが、歩き始める前や途中で酒を飲まないことにする。町歩きをすべて終えて、心地よい疲れを感じながら、一日を締めくくる至福の一杯を飲むというルールにしよう。

川のない橋

有楽町駅で降りて、晴海通りを数寄屋橋から築地の方に向かって歩く。今や死語に近いが、銀ブラという言葉がある。いまの銀座は無機質なビルが立ち並び、アスファルトの道が続くだけなので、ブラブラ歩いても風情を感じられないのが残念だ。当たり前だが、東京のど真ん中なので車の交通量も凄い。歩いていると、排気ガスでのどがいがらっぽくなってくる。

銀座はその昔、もっと散歩が似合う街だったのではないか。最近知り合った粋な老人の話を聞いてそう思った。

銀座の生き字引のようなその人は八十歳を超えているが、おしゃれで銀髪に赤いギンガムチェックのシャツと着古したジーンズがよく似合う。老舗の商家の跡取りだったので、戦後、復興してきた銀座で随分遊んだと言う。

「夕暮れになるとね、資生堂近くの柳並木の道をみんなでよく歩いたもんですよ」

「歩いて、どこに行くんですか?」

「いや、歩くことそのものが楽しみなんだ。夏なんか、目抜き通りが人でいっぱいになったからね。ビアホールにもよく行ったな。そのころは五十円あれば飲めたんだよ」

銀ブラをする楽しみのひとつは、漂ってくる潮の香りだったという話を耳にしたことがある。潮の香りは、海とつながる川が縦横に街を貫いているからこそ、漂ってくると思うのだが、かつて銀座を流れていた京橋川、築地川はすべて埋め立てられ、無粋な高速道路に変貌してしまった。

　こうして、銀座に川はなくなったが、橋は残っている。「橋のない川」は住井すゑの小説だが、銀座には「川のない橋」が点在するのだ。

　いま建て替え工事中の歌舞伎座近くの晴海通りに三原橋の交差点がある。この交差点から銀座四丁目方向に少し歩いた辺りを三十間堀川が流れていた。そこに架かっていたのが、三原橋である。

　昭和二十年代に三十間堀川は埋め立てられたが、三原橋の下の部分は空堀のようにして残し、地下街にした。晴海通りの両側に立つ二階建ての三原橋センタービルの裏手に回るとそれぞれ急な階段があり、地下商店街に降りることができる。堀割の形をした細長い商店街には、映画館の銀座シネパトスを中心に、居酒屋、そば屋、床屋などが並んでいる。

　久しぶりに訪ねてみると、シネパトスで天地真理主演の映画特集をやっていた。地下街ができて既に六十年以上たっているので、昭和の匂いがぷんぷんするが、小ぎれいな地下街しか知らない人の目には、このレトロさは、かえって新鮮に映るかもしれない。

　町歩きをする前にこざっぱりしようと、理容室「エンドウ」に飛び込んだ。床屋に行ったときには、黙っていると間が持たないので、店の人とできるだけ世間話をするようにしているのだが、僕を担当したおばさん店員は話し好きだったのでほっとした。

彼女が福島県出身だと言うので、原発事故のことを話題にしていたら、いつしか今の政治家への不信に話の矛先が向いてきた。

「お金なんか、食べるだけあればいいのよ」と、おばさんは、はさみを動かしながら怒ったように言う。「鳩山さんも小沢さんも、あんなにお金を持ってどうするんでしょう。死んだら、持っていけないのにねえ」

髪を刈っている最中なので、僕は首を縦に振れなかったが、心の中でうなずいた。

イマ風の店で店員が若い茶髪の男だったりすると、話しかけても無視されることもあるが、その点、ここ「エンドウ」は店構えだけでなく客との応対も昭和流だ。レジで料金を払ったとき、「どうぞ」と言って、黒糖アメをひとつくれた。

散髪を終えて、地上に出た。近くには、三原小路という石畳の小粋な路地があるが、さらに一本、晴海通り寄りに、くたびれた袋小路がある。ここに老朽化して外壁が黒く煤けた二階建ての長屋のようなビルが鎮座していて、焼肉「東京園」や中華「三原」などの飲食店が入っている。先ほどの三原橋地下商店街をさらに煮染めたような雰囲気の一角で、初めて訪れる人は「こんな闇市のような所がまだ銀座にあったのか」と驚くだろう。

ランチタイムをとうに過ぎていたが、中華「三原」の前には、まだ入店待ちの列が出来ている。この古い店構えで繁盛しているのなら、きっと旨いに違いない。客の回転が早いのか、次々と店に入っていく。飯を食うために並ぶのは嫌いなのだが、これなら待たずに済むだろうと、列に加わると間もなく、店のおかみが注文を聞きにきた。「何になさいますか？　ちょっと、お待ちくださいね。涼しい席が空くと思いますから」。おかみの自然で優しい言葉遣いに驚いた。コンビニやファーストフード店の店員たちの慇懃《いんぎん》だが、まるで感情がこもっていない〝マニュアルしゃべり〟とは大違いだ。

予想した通り、すぐに店に入ることができた。着いたカウンターの席は、おかみが言うように大型空調機の冷風がそよいでいる。

タンメンが好物なので注文したのだが、後から入ってきた客の多くもタンメンを頼んでいる。ここの名物のようだ。ただし、みんな「チャーシューのせ」「ワンタンのせ」などメニューにはないオプションをつける。「メンかた！」と、麺のゆで加減まで注文する客もいる。古そうな店だけに、いろんな裏技があるらしい。

出てきたタンメンのスープは、醬油でうっすらと色づいていて、ごま油のいい香りがする。キャベツやニンジンは火が通りすぎずしゃきっとしていて、キクラゲがいっぱい入っているのがうれしい。二日酔い気味だったが、スープを飲み干すと、気分がすっきりした。

銀座にも焼跡闇市のような路地がある

店を出て、三原橋の交差点から築地に向かって進むと、万年橋に出る。橋の下にはかつて築地川が流れていたが、いまは埋め立てられ、首都高速道路が走っている。

築地川があったころに描かれた絵や写真を見ると、昼間は、川岸に釣り船や貸しボートがもやい、夜は、新橋演舞場や東劇のネオン、灯火が川面を彩っている。川があるおかげで、銀座のような都会にも、情緒のある風景が残っていたのだと分かる。

万年橋の両側には、築地川銀座公園があり、近隣の会社のサラリーマンやＯＬが、ベンチでくつろいでいる。首都高の上に造られた公園だが、広々としている。

足裏のツボを刺激する突起が並ぶ「健康こみち」という施設があった。突起の高さが半端ではない。実際にここを裸足で歩いたら、激痛が走り、かえって健康に悪いのではないか。僕は、足裏マッサージでも悲鳴を上げるぐらいだからやめておこう。

パイプオルガンの寺

晴海通りを進むと、岩手県のアンテナショップ「いわて銀河プラザ」があった。入ってみると、いか徳利を売っている。スルメイカの胴を徳利の形にして干した珍品だ。製造元を見ると、岩手県山田町の商店名が書かれている。あの大震災で壊滅的な被害を受けた町だ。よし、復興支援で買うことにしたよう、というのはきれいごと。これに熱燗を入れて、おつなイカ酒を一度飲んでみたいと思い、呑んべえの中枢神経がいたく刺激されたのだ。それにしても、こういう店に来ても、酒にまつわることばかりに目が向くのは、どういう訳だろう。町歩きを終えるまでに、飲む誘惑に負けなければいいが……。

築地四丁目の交差点を右折し、築地場外市場に出た。一大観光スポットなので、平日でも昼飯どきは人でごった返し、テレビや雑誌でよく取り上げられる鮨屋や海鮮丼の店は人気で、長い列ができる。

きょうも、場外市場の路地はゆっくりとしか歩けない雑踏になっていたが、「鯨カツ」と書かれた看板がふと目にとまった。鯨卸の「登美粋」が、路地に面した屋台のような調理場で、鯨の串カツを揚げ、いい匂いが漂っている。足を止めて、品書きを見ると、鯨の串焼きや天ぷら、鯨すじ煮込みなどもある。珍しいので、鯨カツを一本食べてみよう。

注文すると、頭に黒いバンダナを巻いた主人が、「こちらで召し上がりますか」と言って、奥の方を指さした。建物の中は、倉庫のようになっていて、その一角にテーブルといすが置かれている。薄暗いが、既に二、三人が食事をしているようだ。この雑踏の中、歩きながら食べることもできないので、僕もそちらに移った。

隣のテーブルには、鯨串カツ、串焼き、鯨すじ煮込みが並び、向かい合って座る白髪のおじいさん二人が、旨そうに缶ビールをぐびぐび飲んでいる。真っ昼間だが、空き缶が、テーブルに何本も転がっているので、相当できあがっているようだ。

主人が鯨カツを持ってきたので、「缶ビールは持ち込みですか?」と聞いてみた。

「うちでビールも出しているんですよ。持って来ましょうか?」

「い、いや……、結構です」

危ないところだった。もうちょっとでルール違反になるところだ。

鯨カツにかぶりついた。昔懐かしい味だ。これを肴に飲めば、結構いけるなと思っていたら、主人が隣のテーブルのわきに来て「はい、今度は心臓だよ」と言って、小皿を置く。おじいさんたちは、その心臓をつまんで、また旨そうに缶ビールを飲む。

築地本願寺は古代インド様式の建物

これは目の毒だと思い、食べ終えると、早々に店を出た。

晴海通りを渡り、築地本願寺へ向かう。京都の西本願寺、〝お西さん〟の東京での本拠である。西本願寺は国宝の飛雲閣や唐門などがある壮麗な木造建築だが、築地本願寺の本堂は、関東大震災後に建てられた古代インド様式の石造りの建物だ。

石造りのせいか、仏教寺院というよりも教会のように見える。本堂の扉の上方には草花を描いたステンドグラスがあり、ますます仏教寺院のイメージからかけ離れていくが、一歩、堂内に入ると、焼香の匂いがたちこめている。

堂内にはいすが整然と並んでいて、やはり教会のような雰囲気が漂う。そう思うのは、後方にパイプオルガンが設置されているからかもしれない。毎月最終金曜日には、このパイプオルガンを演奏するランチタイムコンサートが開かれている。築地にはほかに、カトリック築地教会、聖路加国際病院礼拝堂にもパイプオルガンがあることから、三者で「築地風琴会」という組織をつくり、合同でコンサートも開催している。

本堂の壁に、額に入った結婚式の案内のポスターが立て掛けてあった。〝仏前〟のはずだが、ポスターのモデルの女性はウエディングドレスを着ている。式では、パイプオルガンと雅楽の演奏がある。この寺は、「和」でありながら「洋」もある不思議な空間だ。

築地本願寺を出て、聖路加国際病院へ向かう。裏通りを歩いていたら、公園のわきに橋の欄干と親柱のようなものが立っている。親柱には「備前橋」の銘板があった。

この公園は、かつての築地川支流で、そこに架かっていたのが備前橋である。三島由紀夫の「橋づくし」にも登場する。この小説は、二人の芸者、料亭の娘、料亭の女中の四人が、願いごとをかなえるために、築地川に架かる七つの橋を、一言も口をきかずに渡りきろうとする話だ。七つの橋とは、三吉橋、築地橋、入船橋、暁橋、堺橋、備前橋（三吉橋は三叉橋なので二辺を渡り、二つに数える）。最後に渡るのが、この備前橋である。

「橋づくし」には〈三味線の箱みたいな形のコンクリートの柱に、備前橋と誌《しる》され、その柱の頂きに乏しい灯がついている。見ると、川向こうの左側は築地本願寺で、青い円屋根が夜空に聳《そび》えている〉と書かれている。

いまも、備前橋の親柱の辺りから北の方を見ると、築地本願寺の屋根が見えるが、周囲に往時の面影はない。築地川は埋め立てられ、石碑のように地面に突っ立つ親柱が寂しそうに見えた。

漁師の煮物と祭り

聖路加国際病院と聖路加タワーの間の道を抜けて、佃大橋にたどり着いた。この橋からの眺めは素晴らしく、林立する高層マンションの合間から東京スカイツリーを見ることができるが、僕は大きな川に架かる橋が苦手なので、脇目もふらず歩いて佃島へ渡った。

佃島と書いたが、東京オリンピックを控えた一九六四（昭和三十九）年、佃大橋が竣工した際に、佃川が取付け道路建設で埋め立てられ、お隣の月島と地続きになった。江戸時代からの渡し船もこのとき、廃止になっている。正式な地名も中央区佃で、「島」は付かないが、佃島と書かないとどうもしっくりとこない。ここでは佃島で通す。

佃島は、徳川家康の命を受けて江戸に下った摂津国佃村の漁師が、江戸時代初頭、鉄砲洲対岸の干潟を埋め立てて造った。佃島の漁師は隅田川で捕った白魚を徳川将軍に献上するならわしがあった。幕府から江戸近辺の海川のどこで漁をしてもよいという御墨付きも得ていたという。

佃島の隅田川沿いの道を歩いていくと、醤油を煮込んだ香ばしい匂いが漂ってくる。佃煮の老舗、「天安」「佃源田中屋」「丸久」の三店が、集まっている一角があるからだ。

佃島の漁師たちが船の上で食事する際、おかずを調理するひまがないので、小魚や貝を煮つめたものを持っていったのが佃煮の起源だという。煮つめると、腐ったり、味が変わったりしにくい利点もあった。この漁師たちのおかずが、住吉神社に参詣する人たちによって広められ、江戸の名物となった。

「天安」「佃源田中屋」「丸久」の三店とも、江戸時代の天保や安政年間の創業というから歴史は古い。

「天安」に入るとガラスケースの中に、いろんな佃煮が並べられていて、百グラムの値段が書いてある。昆布やあさりなどの定番から、いかあられ、江戸風味など聞き慣れない品まで、二十種類以上あり、どれにするか迷ってしまう。こういうときは、前もって何を買うか決めておかないといけないなと思いながら、考えたあげく、ごくありふれた、あさりとしらすの佃煮を百グラムずつ買った。ガラスケース奥の間に座っている白い上っ張りにスカーフ姿の女性が目方を量って袋詰めにし、紙で包んでくれる。

佃煮を受け取り、金を払おうとしたとき、ダークグレーのスーツを着た熟年紳士が入って来て、間髪を入れず「うなぎとたら子、二百グラムずつ」と注文した。これを聞いたとき、なぜか「しまった」と思った。ケースを見ると、うなぎもたら子もふっくら煮上がり、旨そうだ。飯だけでなく、酒にも合うだろう。だが、勘定を済ませているので、いまさら買い足しにくい。次に来たとき、買ってみよう。

「天安」を出て、住吉神社に行く。この神社は、摂津国佃村の漁師が江戸へ移住した際、故郷の氏神、住吉神社を分霊して創建した。佃島は外海への出入り口にあるので、住吉神社は、回船問屋ら海運に携わる人々から航海安全の守護神として信仰を集めた。

毎年八月にある住吉神社の例祭、佃祭りは、多くの観光客を集める東京でも有数の祭りである。とくに三年に一度の本祭りでは、若い衆が殺到する獅子頭の宮出し、八角御輿の宮出し、御輿を船に乗せて隅田川を渡る船渡御が行われ、広重の浮世絵にも描かれた大幟《おおのぼり》が六本立ち、風にたなびく。大幟の支柱は二十メートルを超え、普段は空気に触れて腐らないよう堀割の底に埋められている。本祭りのとき、つまり三年に一度、掘り起こされるのだ。

佃島の氏神、住吉神社。佃祭りは多くの観光客を集める

佃祭りは、落語にもなっている。神田お玉ヶ池に住む小間物屋の次郎兵衛が、佃祭りの見物に出かけるのが噺《はなし》の発端だ。一日祭りを楽しんだ次郎兵衛は、暮六つの最終船《しまいぶね》に乗ろうとしたが、女に呼び止められ、船を逃してしまう。女は三年前、橋から身投げしようとしているところを次郎兵衛に助けられた。当時は商家の奉公人だったが、いまは佃島の船頭のところへ嫁いでいるという。次郎兵衛が女に請われて家を訪れ、酒を出されて飲んでいると、亭主が血相を変えて帰って来て、最終船がひっくり返り、乗っていた者は一人も助からなかったと言う。

そのころ、次郎兵衛の家にも佃島の渡し船が転覆して乗客が死んだことが伝わり、次郎兵衛も亡くなったに違いないと、坊さんを呼んで通夜をしていた。そこに、女の亭主の船で送られてきた次郎兵衛がひょっこり帰ってきたから大騒ぎに……。

落語の題材になるくらいだから、江戸のころから、佃祭り見物は人気があったのだろう。

幻の八角箸

佃大橋は一級河川の隅田川に架かる長大な橋だが、佃小橋という名の橋もある。佃一丁目と二丁目を分ける堀割に架かる、文字通り小さな橋だ。祭りのときに使われる大幟の支柱が、この橋の下辺りに埋まっているという。

住吉神社を出て、その佃小橋に向かって歩いていると、右手の民家の前に人だかりがしている。後ろからのぞくと、台の上に、いかにも上等そうな箸が並べられている。横に水を満たした椀があり、小さく切ったこんにゃくが入っている。わきの紙には「江戸八角箸　こんにゃくの角がつまめます」と書かれ、お試し用の箸が一膳置いてあった。

僕は器用な方ではないのだが、その箸を取って、こんにゃくをつまんでみたら、滑ることなく、すっと水の中から持ち上がった。適度な重みがあり、しっとりと手に吸いつく感じがする。箸の先まで八角に削り込んであるので、物をしっかりとつかむこ

佃小橋から大川端の高層マンション群を望む

とができるのだろう。こんな銘木の質感のある箸を手にしたのは初めてだ。

並べられた売り物を見ると、幻の青黒檀一万五千円、紅本紫檀一万円、本紫檀八千円、縞黒檀五千円、紫檀三千八百円……。二千円以下の品もある。安くはないが、集まった人たちは、じっくりと品定めをしたうえで、一膳、二膳と買い求めていく。

白髪を短く刈り上げた小柄な男性が客の応対をしている。この箸をつくった職人で、店の主人のようだ。品物を客に渡すとき「持って来ていただければ、無料で削り直しを致しますから、末永く使ってください」と話している。売りっぱなしではなく、使い出してからも面倒をみるというのが、いかにも下町の職人気質《かたぎ》で感心した。
一生モノだと思えば、この箸は決して高くはない。手持ちは少なかったが、僕も思いきって縞黒檀の箸を買った。箸に添えられた説明書きを見ると、店名は「漆芸　中島」となっている。主人の中島泰英さんは十一代目になる江戸漆塗りの職人で、当然ながらここで漆器も扱っている。「箸を洗うときは洗剤を使わないで、洗い終わったらよく布巾で水気をとってください」と中島さん。忠告を守って大事に使うとしよう。
「漆芸　中島」のすぐ近くに佃小橋がある。朱塗りの欄干が鮮やかだ。もし、「東京下町の今昔」あるいは「トーキョーに残る江戸」という題で写真を撮れと言われたら、この佃小橋から撮影することをお薦めする。画面手前に朱色の欄干を入れ、堀割に浮かぶ釣り船と民家を真ん中にして、遠景に大川端リバーシティ21のマンション群を収めれば、誰が撮ってもそれなりの写真になる。昔ながらの釣り船と現代を象徴する超高層マンションを遠近で撮影できるのがみそだ。

「まさみ」

佃小橋の上で考えた。さて、きょうはどこの酒場の止まり木で一杯やろうか。随分歩いて汗もかいたので、旨い酒が飲めそうだ。築地に戻ってもいいが、月島まで歩いて、煮込みの旨い「岸田屋」の暖簾をくぐることにしよう。

月島西仲通り商店街、通称もんじゃストリートを勝どきに向かって歩いていくと、左手に「岸田屋」の紺色の暖簾が見えてきた。表に椅子が並んでいて、客が座って入店を待っている。椅子の後ろの路地にも立って並んでいる人が相当いる。人気店だとは知っているが、これほど行列ができるようになっているとは思わなかった。これじゃ、どれだけ待つか分からないので、少し商店街を佃島の方に戻って、オジサンたちが集う大衆酒場の「まさみ」に転戦することにした。

縄のれんをくぐって戸を引くと、「まさみ」もほぼ満員だったが、なんとかカウンターの一角にすべり込むことができ、ほっとした。いつもなら、ここで「とりあえず」と、ビールを頼むところだが、今夜は最初から焼酎系を飲みたかったので酎ハイを注文した。かなり濃度が高いので、イッキ飲みしたら、すぐに酔いが回ってしまいそうだ。

つまみは、月島名物のレバーフライと背黒イワシ一夜干し、トロブツを頼んだ。月島には、レバーフライの店が何軒かある。串で刺してあり、手に持って食べることができる。地元では、おやつとして食べているようだが、つまみで出す居酒屋も多い。

この店では、千切りキャベツの上に、ソース味のタレをくぐらせた豚レバーのフライが載って出てきた。おかみは出すとき、「うちのカラシは、すごく辛いから気をつけて」と言う。箸先につけてなめてみると、確かに舌にぴりりと刺激がある。粉から練っているので辛みが強いのだろう。これをレバーになすりつけて食べると、タレの甘みと辛みが混じり合い、何とも旨い。焼酎系の飲み物にぴったりだ。

隣に熟年夫婦が座っていて、旦那がホッピーのお代わりをしている。ほどよく酔っているようで、「よく、来られるんですか？」と僕に声を掛けてきた。「月島で飲む機会はそれほどないですが……」と答えると、奥さんが「私たち、甲府から来たんですよ」と言う。

聞いてみると、毎年夏休みを使って、二人で築地のホテルに泊まり、月島かいわいの食べ歩きをしているとのこと。昨日も、「まさみ」に来て、看板近くまで飲んでいたという。最初のころは、もんじゃ焼き屋巡りをしていたが、違った店にも行きたくなり、歩いているうちに、ここを見つけたのだそうだ。

「今度は、岸田屋さんにも行ってみてください」と、言おうとして気づいた。そろそろ、岸田屋も空いているころかもしれない。「河岸《かし》をかえて、煮込みで一杯やって帰るか」と思い立ち、勘定を済ませて、岸田屋の方にぶらりと歩いて行った。

さらに足をのばして❶

三州屋（銀座）

昔は、名画の余韻を楽しみながら一杯

かつて東京に名画座があった。いや、いまでも名画を上映する映画館はいくつもあるが、銀座の並木座のように、一九五〇〜六〇年代の白黒の邦画ばかり掛けていた小屋（映画館）はなくなってしまった。

並木座が、惜しまれつつ閉館したのは七年前――。思えば、小津安二郎、成瀬巳喜男、溝口健二の作品をここでよく観たものだ。夕方まだ明るいうちに入り、見終わって出てくると、とっぷり暮れている、というパターンが好きだった。そして、映画のあと「一杯やりたいなあ」と思ったら、決まって足を運んだのが、隣りの路地の奥にある三州屋である。

格子戸を引いて入ると、二階へ上がる階段が目に飛び込んでくる。すぐ右手にL字のカウンター、そのうしろには白木のどっしりしたテーブルが五つ並ぶ。古き良き居酒屋の風景。それこそ、成瀬映画に出てきそうな酒場である。

夜は、ネクタイ族で席はびっしり埋まり、エプロン姿のおばちゃんたちが、奥の厨房と客席の間を忙しく行き来する。客の話し声と注文取りの声が、天井や壁にこだまする。この喧噪も、居酒屋らしくて耳に心地よい。

品数が多い。半端じゃない。板わさ、ぬた、冷奴のような軽いつまみから、定番の刺し身、焼き魚、鍋ものまで、壁にずらりと並んだ短冊を眺めるとうきうきする。昼から営業しているので、煮魚やフライの定食類が充実しているのもうれしい。

並木座健在のころは、カウンターで熱燗を飲みながら、見終わったばかりの映画のシーンを回想した。「西鶴一代女」の田中絹代、「浮雲」の高峰秀子の顔が浮かんだり、消えたり……。

徳利を何本か倒し、酔いながら、ひとり名画の余韻を楽しむ至福の時。これが、イタメシ屋やラーメン屋ではさまにならないんだよなあ。やっぱり、居酒屋だ！

（二〇〇五年五月）

さらに足をのばして❷

銀座ささもと（銀座）

大都会の中心でディープなもつ焼き

レバ刺し、ガツ焼き、焼酎梅割り……。品書きをこうして列記すると、まるで江戸川区か葛飾区のディープなもつ焼き屋のようだが、ここは花の銀座四丁目。それも数寄屋橋交差点と和光のほぼ中間という超一等地なのだから驚きだ。

店名から、新宿にある某名店を思い出した人は、間違いなく相当なもつ焼き好き。そうなんです、この店は新宿・思い出横丁にある「ささもと」の姉妹店である。本家の新宿店は、終戦間もないころからの営業だが、銀座店は一九八二年にオープンした。新宿店は豚のもつ焼きがウリなので、銀座店は開店当初、牛のもつをメーンにして特徴を出した。ところが、ＢＳＥ騒ぎで牛モツの需要が急激にダウンしたため、今は、新宿店と同様、豚もつ中心になった。

刺し身の種類が豊富だ。ハツ、タンなどの定番ものだけでなく、コブクロ、牛ハラミ、テッポーなど珍しいものもある。そして、ホーデン……。ホーデンの刺し身を出す店は、下町でもあまりお目にかからない。淡いピンク色をしてプリプリして旨い。この店に来たら、ぜひ試してほしい。

「串焼きも、刺し身で出せるほど新鮮なので、軽めに焼いてます」と、店員の増川士郎さん（34）。なるほど、出される串焼きはどれもこれもレアでジューシーだ。

煮込みは、もつのほかにキャベツもある。味噌仕立てのもつ煮の旨みが、キャベツに染み込んで美味だ。

ビール、酒もあるが、ここに来たら、焼酎を頼みたい。葡萄割り、酸塊《すぐり》割り、梅割り……。なかでも、赤ワインで割った葡萄割りは甘い香りで口当たりがよい。逆に言うと、危ない酒と言えなくもないが。

客はスーツ姿のサラリーマンが中心だが、ＯＬも多い。色鮮やかなサマードレスの若い女性たちが、もつ焼きを食べる。銀座ならではの光景だ。

（二〇〇五年八月）

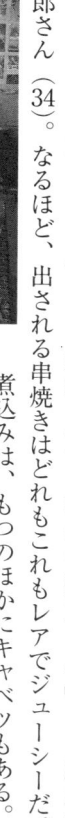

てまり（新橋）

手作りのおかずを肴に飲む

四十路も半ばに差し掛かったころからだろうか。ご飯のおかずを肴に飲むのが、やたらと旨くなってきた。里芋の煮っ転がし、アジの南蛮漬け、小松菜の煮浸し……。子どものころ、親や姉とちゃぶ台を囲んで食べた、こんな品々が妙に酒に合うのだ。

烏森神社のすぐ脇にあるこの店。表のちょうちんに「家庭料理」と書かれており、おかず好き呑んべえ（？）の期待が高まる。暖簾をくぐると、カウンターにずらり並んだ大皿がまず目につく。それぞれに、芋とイカの煮物、揚げナス、夏野菜のピリ辛炒め、などが盛られ壮観だ。

「毎日、十二品から十三品を出してます。昼ごろからつくり始めて開店直前までかかるわね」。常連さんから「お母さん」と呼ばれ、慕われている山口高子さん（63）が仕込みの苦労を話す。

ほとんどの肴が毎日差し替わるが、ポテトサラダと五目焼きの二品は必ず出す店の

名物だ。ポテトサラダは、タマネギのスライスがどっさり入り、ちょっぴり辛みがある。五目焼きは、細かく切ったエノキ、シイタケ、キクラゲ、ベーコンなどが入った自家製玉子焼き。ビール、酒、焼酎いずれにもよく合う。おかず以外にも新鮮な刺身や焼き魚も充実。オヤジの街、居酒屋激戦区の新橋で二十年以上営業している理由がよく分かる。

高子さんは和歌山県出身。店名の由来を聞くと、「てんてんてんまり、の童謡からとったのよ。この歌の殿様は紀州だから。私の顔も、まりみたいに真ん丸だし。アハハハハ」。厨房には、息子の吏《つかさ》さん(43)が立ち、「お母さん」は、もっぱら明るい笑い声を響かせながら、客の間を歩き回る。親子のコンビネーションもぴったりだ。

高子さんは、常連客と「てまり俳句会」をつくり、句作に励んでいる。俳号は多加幸。最近の句を紹介しよう。

夕焼や踏切番の椅子一つ　空蟬や十七歳の胸の闇

(二〇〇六年九月)

さらに足をのばして❹

割烹　大徳（新橋）

家族のもてなしで味わう旬の魚

チェーン店の居酒屋が増殖している。かつては、それと分かる店構えだったが、最近は、格子戸に縄暖簾といったレトロな酒場が、入ってみればチェーン店だったりするので油断ならない。新宿、渋谷などの繁華街は、巨大資本が全国展開する居酒屋ばかりが目につくようになってしまった。

　銀座にほど近い飲み屋街、オヤジたちの聖地、新橋も例外ではない。駅周辺からじわじわとチェーン店が浸食し始めている。そんな中、母と息子二人の家族で営むこの割烹は希少だ。

「父（故・小林良一さん）が三十一年前に開業しました。店の名『大徳』は、父が修業した新潟の仕出し割烹の屋号です。十代で奉公に行ったので思いが深かったのでしょう」と主人の小林一郎さん。三田の三井倶楽部でフレンチを学んだ一郎さん、築地、銀座の料亭で修業した弟の二郎さんの二人が、板場に立つ。接客するのは母親の寿子

さんだ。
旬の魚が旨い。冬場は、寒ブリ刺身、白子ポン酢、キンキの煮付けが人気の逸品。煮付けは注文を受けてから調理する。「つくり置きすると、どうしても硬くなりますから」。平日、トコブシ、シマアジ、サバなどの刺身を頼んだ。どれも鮮度抜群で甘い。北雪、立山、酔鯨などの銘酒が揃う。熊本産芋焼酎、房の露は、店のお薦めだ。
毎朝、築地へ買い出しに行く。「その日、その日の新鮮な魚を仕入れ、少しでもお客さんに安く食べてもらおうと努めています。これは父親から受け継いだ精神ですから」。良一さんの愛した言葉「包丁渡世」と染め抜かれた暖簾が、風に揺れていた。

（二〇〇八年二月）

＊店はその後「馳走　大徳」と名を変え、新橋の別の場所に移転した。

さらに足をのばして❺

榊（芝大門）

希少な豆腐で地酒を楽しむ

山うにとうふ、ご存じですか？　熊本県五木地方特産の焼き豆腐を味噌に半年間漬け込んだ保存食だ。

平家の落人が伝えたとも言われる、この希少な珍味が、徳川家の菩提寺、増上寺の門前町でいただけるとは思ってもみなかった。

「大阪の料理屋で食べたら旨かったので、それ以来、直接五木に注文して取り寄せています」と主人の榊昭仁さんが説明する。

舌の上でトロリと溶け、その名の通り、ウニのような滋味が口に広がる。ほかにも、おぼろ豆腐、湯葉のさしみ、栃尾のあぶら揚げ、など豆腐系の逸品が品書きに並ぶ。

豆腐に合うのは何と言っても酒だ。それも、コクのある純米酒がいい。と思っていたら、伯楽星（宮城）、早瀬浦（福井）、神亀（埼玉）と、通好みの純米酒が冷蔵ケースに揃っていてうれしくなった。都内屈指の地酒処、はせがわ酒店（亀戸）から仕入

れているという。

「実際に色々と飲んでみて、納得した酒を置くようにしています」

人情噺「芝浜」でも分かる通り、江戸の昔、この近くに魚市場があった。その良き伝統を受け継ぎ、旬の魚も充実。「本日おすすめ」の白板には、岩がきぽん酢、かつを造り、しめさば、の文字が躍っていた。

榊さんの父親が三十年ほど前まで、ここで食堂「富士屋」を営んでいた。現在、厨房を預かるのは榊さんの兄隆文さん。

冬瓜のとりみそかけ、大山鶏のももぶつ焼き、水なすのぬか漬など、手の込んだ料理はどれも素晴らしい。


（二〇〇八年八月）

さらに足をのばして❻

魚料理　芝文（浜松町）

魚屋三代目が家族と営む旨い店

「天は人の上に人を造らず」と説いた福沢諭吉翁が、慶応義塾内の邸宅で暮らしていた明治時代。翁もかつて歩いたであろう、義塾のすぐ目の前に、一軒の魚屋が店を開いた。「芝文」の主人笠原永吉さんは、その魚屋の三代目に当たる。「魚屋のあった場所が芝で、祖父の名が文次郎だったので、店名を代々『芝文』としています」

この言葉から、老舗の鮮魚店が衣替えした居酒屋か、と簡単に思われては困る。開業までには幾星霜、さまざまな苦労があった。

慶応大前の魚屋は三十年前、閉店。笠原さんは向島に場所を移し八年間魚屋を営んだ後、スーパーに勤め、料理旅館で修業して一九九二年、やっと現在の店を持つことができた。「芝文」の二文字に、老舗を継いだ男の万感が込められている。

魚好きには堪らない店だ。この日の刺身盛り合わせは、マグロ、甘エビ、鳥貝、し

ゃこ、やりイカ、帆立。魚の目利きが築地で仕入れた逸品だ。どれも新鮮で、歯応えがあり、甘い。

「ちょっと食べてみて」と出されたニシンの刺身。青魚の脂の旨味が口に広がり、思わずうなってしまった。「一度来たお客さんのほとんどが、また来られます」と言うのもうなずける。

出すのは魚料理だけではない。毎日、白板に四、五十もの品が並ぶ。その一つ、トマトボールは人気。トマトをくり抜き、カニと鶏肉、キュウリを詰め、特製ドレッシングをかけた料理だ。

店を切り盛りするのは、妻とみ代さんや長女安輝子さんら家族。二十九歳の長男裕司さんも日々、料理や接客に汗を流す。もちろん、立派な四代目を目指して。

（二〇〇八年十一月）

さらに足をのばして❼

築地はなふさ（築地）

酒飲みの心揺さぶる短冊の品々

七夕の夜、笹につけた短冊に願いをこめた幼いころ。オヤジになった今は、居酒屋の品書きの短冊を眺め、胸を膨らませる。

京都の町家のようなたたずまいのこの店に入ると、カウンターの上方にずらりとぶら下がった短冊に圧倒された。

数えてみると、約三十種類。江戸前穴子白焼、のどぐろ煮付け、鮎の湯葉巻き揚、三陸夏かき……。書かれた品々は、どれもこれも旨そうだ。開けはなった引き戸から入る微風で短冊が揺れる。まるで、酒飲みの期待を高めるかのように。

「毎朝、河岸《かし》に行って、旬のものを仕入れてきます。今日は一斉休漁のせいなのか、いい魚が少なかったですね」。短冊の〝御簾《みす》〟の向こうに見え隠れする主人の小野寺利之さんが話す。

築地市場のことを河岸と呼ぶのが、いかにも土地っ子らしい。常連の注文を受け、

好みの魚介類を仕入れることもしばしばだとか。

最初に頼んだ煮物盛り合わせに驚いた。椀に入っていたのは、鴨肉、湯葉、冬瓜、茄子、シシトウ、馬鈴薯の六種類。だしが効いた煮汁に粘りがあるので「あれっ」と思ったら、じゅん菜が溶け込んでいた。何と手間がかかっていることか。付き出しのクリームチーズに酒盗を混ぜた品も秀逸だ。

一ノ蔵の辛口が面白いように減っていく。熟練の指圧師が凝りのつぼを押すように、小野寺さんは酒飲みの弱い所をぐいっと押す達人のようだ。

客層は二分。「早い時間は河岸関係の人が多いですね。遅くなると、サラリーマンの方が来られます」。鮮魚の目利き、築地の仲買人が通う店に間違いはない。

（二〇〇八年九月）

さらに足をのばして❽

貝焼き屋台　和光（築地）

豪快に炭火で貝を焼く

シンプル・アンド・ディープ。生きた貝を七輪の炭火で焼く。供されるのはそれのみだが、海のエキスが凝縮した味は実に奥深い。酒や白ワインにも相性ぴったりだ。
築地市場で仲卸をしていた店主、丹羽徳多郎さんは毎日二十種類以上の貝を仕入れる。寿司屋では刺身としてしか出されないタイラ貝もミル貝も豪快に網にのせる。あふれ出た汁がふつふつと煮え、香ばしい匂いが食欲を刺激する。塩、コショウなど調味料は一切加えないが、何とも言えない旨みがある。
銀座、赤坂なら一個数千円もするようなアワビもここでは千円。「高級な貝を安く出せば必ずうけるはず」。この狙いは見事当たり、口コミで常連客は増える一方だ。
食べ終われば客は貝殻をぽいっと地面に捨てる。それが屋台の周りに重って層になり、縄文時代の貝塚のよう。太古の日本人のDNAが騒ぐのか、屋外で貝にむしゃぶりつくと、こんな旨いものはないと思えてくるから不思議だ。

昨夏、路上から駐車場に屋台を移動。シートで覆いをし、雨露もしのげる。亭主と客が炭火を囲み、しゃべりながら飲み、かつ食う。店にあるギターやピアノで元ミュージシャンの丹羽サンが弾き語りをすることもある。まるで、キャンプのような雰囲気も大きな魅力だ。

（二〇〇四年四月）

＊店は一時茅場町に移った後、現在は築地本願寺裏手の家屋で営業している。

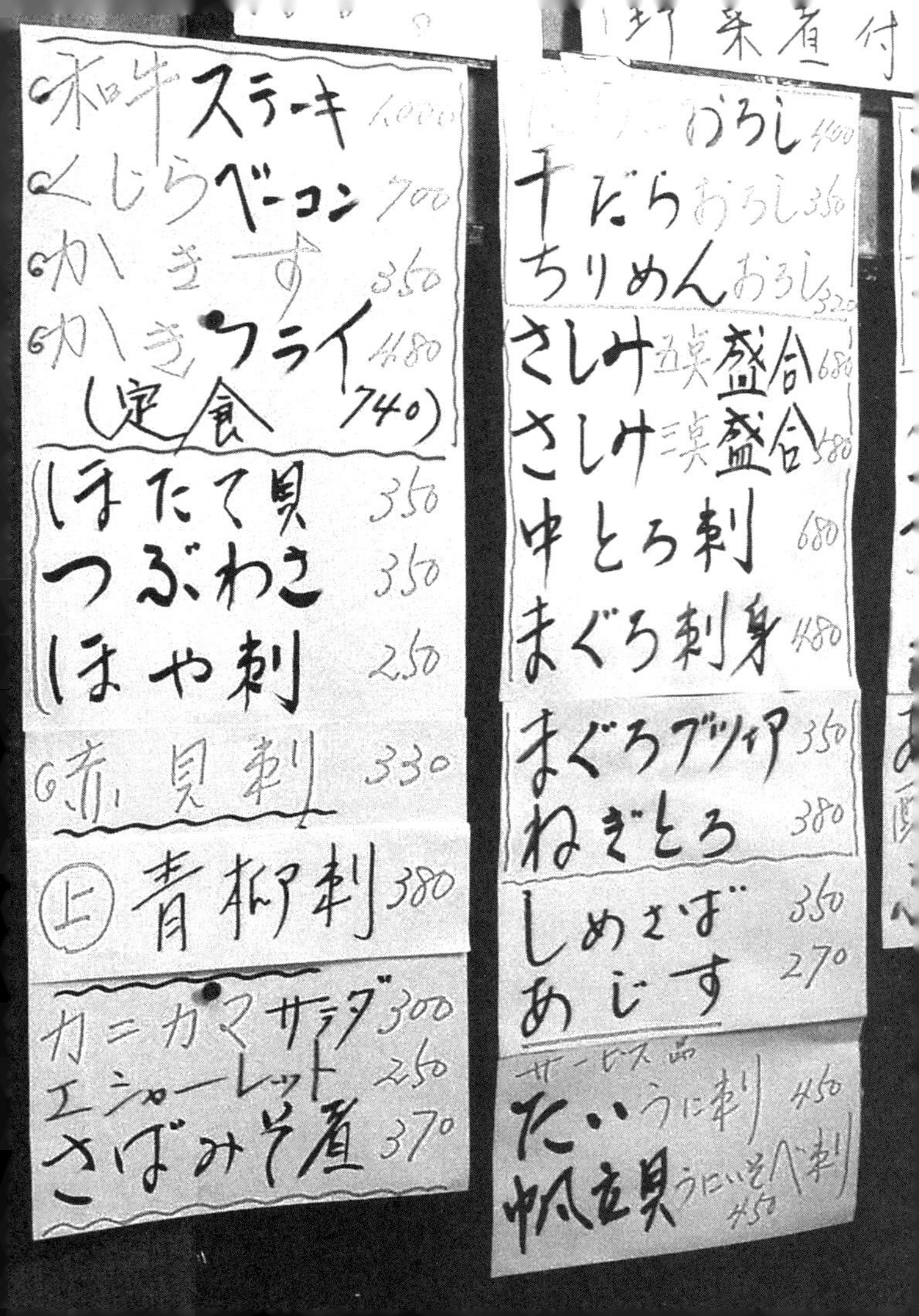
和牛ステーキ 1000
くじらベーコン 700
かきす 350
かきフライ 480
(定食 740)
ほたて貝 350
つぶわさ 350
ほや刺 250
赤貝刺 330
(上) 青柳刺 380
カニカマサラダ 300
エシャーレット 250
さばみそ煮 370
おろし 400
すだらおろし 350
ちりめんおろし 320
さしみ五点盛合 680
さしみ三点盛合 580
中とろ刺 680
まぐろ刺身 480
まぐろブツ 350
ねぎとろ 380
しめさば 350
あじす 270
サービス品
たいうに刺 450
帆立貝うにいそべ刺 450

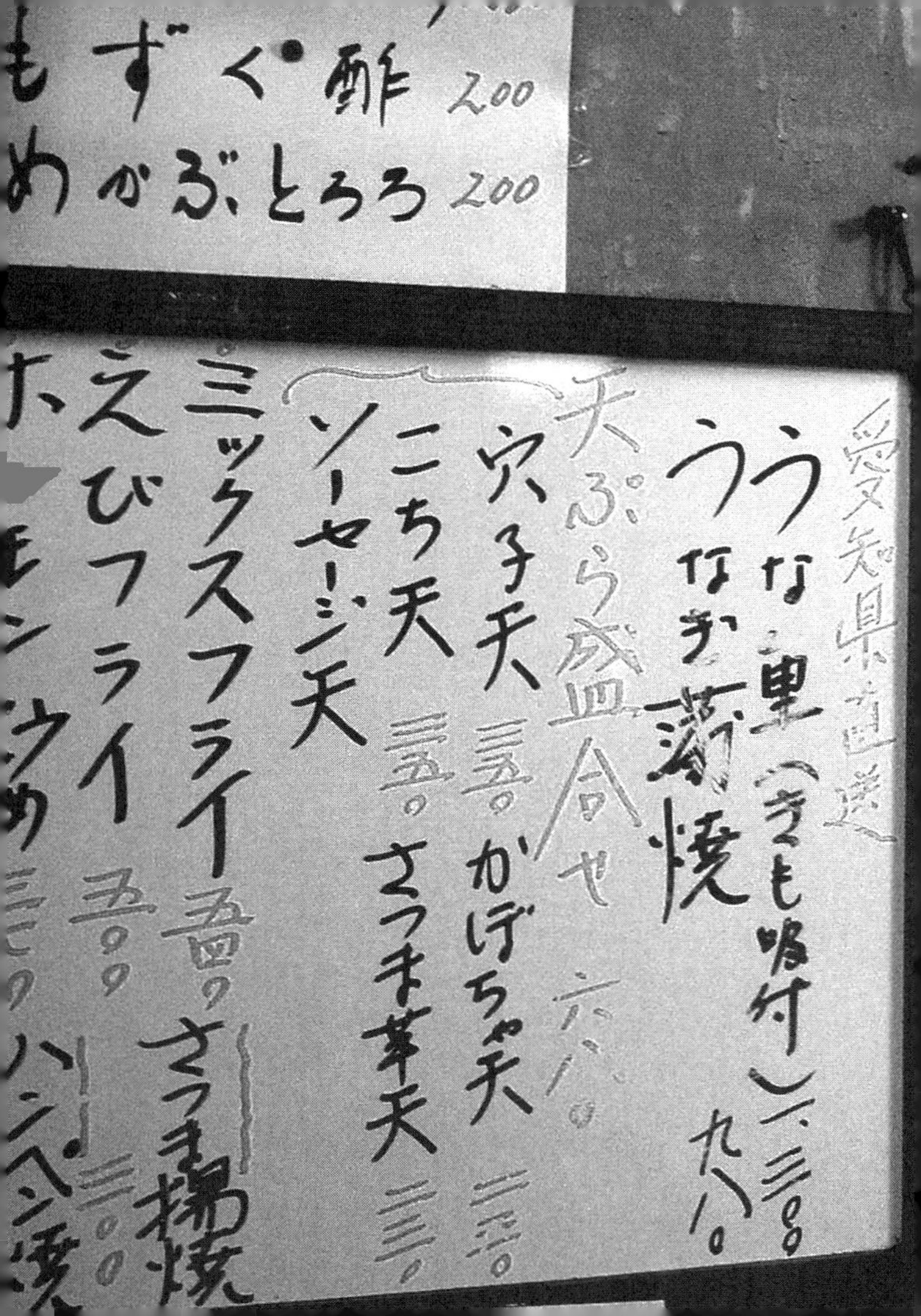

もずく・酢 200
めかぶとろろ 200
うな重（きも吸付） 一、三〇〇
うなぎ蒲焼 九八〇
天ぷら盛合せ 六八〇
穴子天 三五〇
かげちゃ天 三〇〇
こち天 三五〇
さつま芋天 三〇〇
ソーセージ天
ミックスフライ 五四〇
さつま揚焼
えびフライ 五〇〇
三〇〇
ハンペン焼

理想の酒飲み像とは

某夜、メーカーに勤める酒友と田端で飲んだ。

「早く、六十歳定年にならねえかな。そしたら、好きなジャズのレコード聞いて、好きな本読んで、酒場めぐりして、天国だな」。僕と同じように趣味人の友人がこうつぶやいた。

「でも、今のうちにある程度、節制もしとかなくちゃな。このペースで飲んでたら、六十歳になるころには、ドクターストップがかかって一滴も飲めない、なんてことにもなりかねないぜ」と僕は言った。

一升酒で天寿全う

酒飲みにとって理想的な生涯は、健康で死ぬ間際まで大酒をくらうことだろう。明治以降、政治家、学者、文人墨客に酒豪はあまたいたが、「理想の酒飲み」というと真っ先に思い浮かぶのは、横山大観である。この日本画の巨匠は、八十九歳の天寿を全うしたが、大酒家で、六十代半ばからは米の飯はほとんど食べなくなり、肴のウニやカラスミ、目刺しなどを少量食べる程度だった。酒で栄養を摂っていたのかもしれない。

大観は八十歳を超えてからも、朝から酒を飲み、なおかつ健康で絵筆も握り続け、傑作を残した。病床でも酒をやめず、死の四日前まで吸い呑みで飲み続けたという。まさに理想の酒飲みである。

大観は広島の銘酒「酔心」がお気に入りだった。ある時、「酔心」の主人がこのことを知り、上野不忍の大観邸を訪れた。「先生は酔心をお飲みになっているそうですが」と問うと、「いい酒だ」と大観が言った。光栄に思った主人は以降、蔵元から樽を贈るようになった。大観は返礼として、酔心に毎年、絵を一作ずつ寄贈するようになり、後に、蔵元は集まった大観の絵をもとに美術館をつくったという。

朝、床の中で2合

落語家の古今亭志ん朝さんが先日、惜しまれて亡くなったが、志ん朝師匠の父親である古今亭志ん生は大酒飲みとして知られている。志ん生の聞き書きによる自伝「なめくじ艦隊」に、次のような記述がある。

〈あたしの酒代てえものは、一月では相当な高になるんです。あたしは朝、床のなかで二合、おきて顔を洗いさっぱりしたところで二合から三合、夕食のときに三合ぐらい、そうして時としちゃ、夜中に二、三合ぐらいはやるんです〉

「床の中で……」には驚いた。僕も酒好きだが日が暮れてから飲むようにしている。そして、別の機会に詳しく書くつもりだが、実は禁酒する日も結構ある。大観や志ん生からみれば、同じ酒飲みでも「ひよっこ」もいいところだろう。ちなみに、志ん生は七十一歳の時、脳溢血で倒れたが、大観と同じように、八十三歳まで長生きした。

「なめくじ艦隊」に、電気ブランについて書いた一節がある。

〈（電気ブランを飲み）舌の先が突っぱって、いごかなくなっちまう。その飲み方がなかなかむずかしいんです。そいつを飲むときはぜったいタバコは禁物、そのブランは火を呼ぶんです。アルコールが強いんでね。まず牛どんというのを三銭でとっておいて、どんぶりに水を一ぱいもらう。そうして「ブラン」をクーッとやり、急いで水を半分ばかりグーッと飲んで、牛どんを手早くかきこみ、またどんぶりの水を飲む。そうして少したつと、たいがいいい気持ちに酔っちまう。ところがきっとあくる日は、舌がまっつぐになっちまう〉

　志ん生によると、電気ブラン一杯で酒を五合飲んだぐらい酔ったという。電気ブランは下町の酒場に今でもよくあるが、昔の電気ブランはいまのものとは違って、かなり強烈な酒だったことが分かり興味深い。

（二〇〇一年一月）

第二章　テッテイ場末歩き

つげ義春の漫画に誘われて　立石から柴又へ

小雨降る中、葛飾区の立石まで出かけた。立石出身の孤高の漫画家、つげ義春の「大場電気鍍金工業所」の舞台になった場所を探すのが目的だ。

メッキ工場

この漫画の時代設定は、朝鮮戦争が勃発する直前。つげ本人がモデルと思われる少年工の「義男」は東京下町の零細メッキ工場「大場鍍金」で働いている。社長は一年前に肺病で死に、残ったオカミさんと義男が二人で研磨の賃仕事をして細々と日々をしのいでいた。

ある日、予科練あがりの男が職を求め工場にやってきて、義男と一緒に、米軍の散弾の研磨仕事に精を出すようになった。散弾のサビを落とす硫酸を買いに行った義男は、工場に持ち帰る途中、瓶が割れて硫酸が足にかかり大やけどを負った。しばらく休んで工場に戻ると、オカミさんと男の姿がない。おかしいなと思いながらも研磨仕事をする義男。間もなく近所のせんべい屋の親父さんがやってきて「二人は夜逃げした。工場も人手に渡った」と教えたが、義男はぼうぜんとしながら、ひとり研磨作業を続ける——。

ストーリーは以上だが、この漫画の凄さは、元工場長の金子さん一家を描いたディテールにある。

金子さんも社長と同様、肺をおかされ、一家は池に面した工場の片隅に暮らしていた。金子さんは立ち上げれないほど衰弱していて、いつも床板の割れ目から池に向かって用を足していた。〈それはウンコをするというよりも　腐敗した内臓を排泄しているのだった　肺病というよりもメッキの毒におかされていたようである〉とつげ義春は書く。金子さんは間もなく幼子の前で亡くなる。そのシーンのキャプションはこうだ。〈そのとき金子さんの女房は留守で金子さんは二人の子供になにか話しかけているようだった　けれどそれは言葉にならずうめき声でしかなかった〉

こうした凄惨ともいえるリアリズムがあるので、「大場電気鍍金工業所」は忘れがたい名作になっているが、つげ義春はメッキ工場がある場所についてはまったく触れていない。長い間、どこが舞台となのか知りたかったのだが、ようやく、当時の葛飾区川端町、現在の東立石にあったことが分かった。

と、こう書くと、いかにも自分で苦労して調べ上げたようだが、実は『つげ義春を旅する』（高野慎三著、ちくま文庫）の受け売りである。高野氏は『月刊漫画ガロ』の元編集者で、つげ作品の誕生に立ち会ってきた人物だ。

前掲書の「『大場電気鍍金工業所』をさがして」の章によると、「大場――」の絵コンテには当初「川端電気鍍金」とタイトルが鉛筆で書き込まれていた。高野氏らは、つげ義春が少年時代をおくった京成立石駅周辺の一九六〇年代の地図を調べ上げた結果、川端小学校の近くに「川端電気鍍金工業所」があるのを発見したという。

そこで、僕もモデルになったメッキ工場に行こうと思い立ち、立石に出かけたのだ。京成立石駅を降り、南に向かって、ずんずん進むと、十数分で平和橋通りに出る。途中、現代風マンションの谷間に、昭和の香りがする福の湯、喜久の湯などの銭湯があるのが印象的だった。

川端小学校は、平和橋通りに面したファミリーレストランの裏手にあった。『つげ義春を旅する』には、工場の跡地のブロック塀に「川端電気鍍金工業所」の木の看板が残っていると書かれているので、小学校の周辺を一時間以上、探したが見つからなかった。しかし、「○○電気鍍金」「○○研磨製作所」という町工場がたくさんあって、往時の雰囲気を想像することはできた。

幻の酒場

いったん、立石駅まで戻り、駅前商店街の立石仲見世に入った。ここは終戦後のマーケット街がルーツだという。商店街の入り口に揚げ物の「愛知屋」と焼き鳥の「トリゼン」が並んでいて、いつも香ばしい匂いが漂い、食欲中枢を刺激される。愛知屋の揚げたてメンチ、ハムカツは味がしっかりついているのでソースをかけなくても旨い。ほかにも、おでん種、餃子、チヂミなどの惣菜を売る店が軒を並べ、空きっ腹で通れば、思わず買い食いしたくなる。実際、愛知屋でメンチかコロッケでも買って、歩きながら缶ビールをぐびっとやるのも立石の醍醐味だ。

そのまま商店街を進むと、奥戸街道との角にある「手焼き　奥戸せんべい」に行き着く。この店には、半畳ほどの焼き場があり、トタンで囲った何段かの網棚が置かれていて、せんべいを並べて乾燥している。まだ生乾きのせんべいに、醤油だれを塗ってもらうと、品書きにはない「濡れせん」ができあがる。前に来たとき、店の人に頼んだら、嫌な顔もせずに出してくれた。きょうは、生乾きがないので、好物のとうがらしせんべいを一袋買った。

立石は、人口の割に酒場の数がやけに多く、京成線を挟んで南北にのびる商店街の両側に、飲屋街が広がっている。路地には大衆食堂の「ゑびす屋食堂」、「焼肉屋台牛房」、若鶏の半身唐揚げで有名な「鳥房」など個性的な店が点在し、大阪風の立ち飲み串カツの店も何軒かある。どの店も魅力的だが、駅北側の線路沿いにあった大衆酒場「大林」が閉店してしまったのは、残念でしかたがない。

初めて「大林」に行ったとき、揚げ物の旨さと値段の安さに驚いた。例えば、イカフライは百五十円、カキフライは二百円。いずれも、キャベツの千切りもついてこの値段である。イカフライを肴に酒を二杯飲んでもワンコイン、五百円ほどだ。

角の丸くなったカウンターに、座面が緑色のビニール張りパイプいすが並んでいて、作業着姿のご近所のオヤジさんたちが片ひじついてコップ酒をあおっていた。この店に来ると、平成から昭和三十年代に一気にタイムスリップしたような錯覚に陥った。滝田ゆうの漫画に出てきそうな酒場だった。

いつだったか、小さなテーブルを挟んで七十代とおぼしき、鶴のようにやせこけたおじいさんと向かい合わせになり、熱燗を飲みながら、ぽつりぽつりと話をしたことがあった。

おじいさんによると、戦時中、空襲で深川方面が焼け野原になった後も、立石周辺は無事だったが、防災のため、立石駅周辺の家屋は強制撤去させられたという。

「立石は、飲み屋が旨くて安くて、いいですね」と僕が言うと、「ほかに住んだことがないから、分かんねえな……」とつぶやいた。立石に生まれ、育ち、老年になってもずっと住んでいるというのは、何だか凄いことのような気がした。

「大林」の思い出に浸りながら、立石仲見世を再び駅に向かって歩いていくと、たれが焦げるいい匂いが漂ってきた。午後一時すぎだが、もつ焼きの「宇ち多゛」はすでに満員で、暖簾の外に空席待ちの客がずらりと並んでいる。すっかり有名になったせいか、行列が以前より長くなったような気がする。若い人たちが多いのも昔とは異なるが、もし彼らが初めて来たのならちょっと戸惑うかもしれないな、と余計な心配をしてしまった。壁の品書きには、飲み物のほか、もつ煮込み、もつ焼き、お新香としか書いていないので、少なくとも、定番のタンやレバーだけでなく、テッポウ、シロ、ナンコツ、アブラ、コブクロなどの名称とどの部位なのかを覚えておかないとスムーズに頼めないからだ。

　焼き方も、塩、たれ、味噌、若焼き、よく焼き、素焼き、など色々ある。塩、たれは分かると思うが、味噌は、焼いたもつに煮込みの汁をかけたもの、若焼きは少しだけあぶった「ミディアムレア」のことである。それぞれ「生」もある。焼く前のゆでたもつだ。酢醤油をかけて食べることが多い。

　煮込みにも種類があり、普通に頼むと、シロとレバーなどが混ざった煮込みを出すが、「白いの」と注文するとシロ、ガツ、ハツモト（白もつ系）の煮込みを、「黒いの」と言うとレバー、フワ（黒もつ系）の煮込みを出してくれる。開店直後にはホネを入れた煮込みもある。お新香にも裏技があり、普通のお新香はキュウリと大根がセットで醬油がかかっているが、「大根だけ」あるいは「(醬油)かけないで」と頼むこともできる。

だから、常連さんが注文しているのを聞くと、何かの呪文のようで面白い。例えば「シロミソ、アブラワカヤキ、クロイノ、ダイコンカケナイデ」と言えば、焼いた小腸に煮込みの汁をかけて、こめかみの脂身のミディアムレアにレバーとフワの煮込み、醬油をかけない大根のお新香をオーダーしたことになる。

「宇ち多゛」で一杯やりたいところだが、まだもう少し町歩きをしたいので、久しぶりに電車で柴又まで足をのばすことにした。

寅さんの町

柴又帝釈天の最寄り、京成柴又駅に行くには、高砂駅で金町線に乗り換えなければならないが、わずか一駅なので高砂駅で降りて江戸川の土手をぶらぶら歩いて行くことにした。

河川敷に少年野球場があり、子どもたちの歓声が聞こえる。川風を受けながら歩いていくと、土手の左に柴又公園の広場があり、そこを下ると葛飾柴又寅さん記念館に出た。

寅さん記念館は、映画「男はつらいよ」制作の舞台裏を見せる展示内容になっている。メーキング・オブ・トラサンムービー・ミュージアムといったところか。

館内に入ると、最初に山田洋次監督や撮影、照明、録音などのスタッフを紹介するコーナーがあり、監督が実際に使ったデッキチェアーやメガホンも展示している。続いて、柴又帝釈天参道のミニチュアがあり、壁のジオラマのスイッチを押すと、さくら役の倍賞千恵子さんのナレーションで、寅さんの少年時代から東京大空襲、家出をして二十年ぶりに柴又に戻るまでの物語をたどることができる。それにしてもさくらの声は優しくていいなあ。

寅さん映画でおなじみの帝釈天の山門

圧巻は、撮影に使用した「くるまや」のセットだ。松竹の大船撮影所から移設したのだという。大道具、小道具担当の力量がうかがえるスーパーリアルな造りで、実際に参道で営業している団子屋の店内のように見える。奥の茶の間や台所にあるちゃぶ台や柱時計、炊飯器なども適度に古びていて生活感があふれている。このセットで撮影した数々のシーンを茶の間のモニターで放映していた。森川信のおいちゃんが懐かしい。

寅さん記念館を出て、柴又帝釈天まで歩いた。途中、山本亭を通り、大正末期から昭和初期にかけて建築された和洋折衷の豪邸と滝のある日本庭園を眺めた。山本亭は、庭園を通り抜けするだけなら無料だ。亭内には、抹茶やコーヒーを出すカフェも設けられている。

柴又帝釈天の正式名称は、経栄山題経寺。日蓮上人が自ら板に刻んだとされる帝釈天が本尊なので、一般にこの名で呼ばれている。帝釈天は別名、彫刻の寺ともいう。総欅《けやき》造りの帝釈堂内陣の外側は、法華経説話を表す胴羽目板の木彫刻で囲まれている。

二天門（山門）にも、手のこんだ浮き彫りの装飾彫刻が施されている。この門を眺めていると、柱の影から寺男の佐藤蛾次郎や御前様の笠智衆がひょっこり出てくるような気がしてくる。それだけ、寅さん映画の撮影で使われ、シーンが脳裏に焼き付いているということだろう。柴又で一番の有名スポットなので、観光客がひっきりなしにやって来ては、門をバックに記念撮影している。

二天門から柴又駅まで、ゆるやかに左にカーブする参道が続き、名物の草だんごやせんべい、佃煮の店が並んでいる。「男はつらいよ」の実家のモデルになった高木屋老舗に立ち寄り、にわか寅さん気分でおでんと茶飯で腹ごしらえをした後、近くの玩《おも》具屋《ちゃ》をのぞくと、今どき珍しいベーゴマを売っていた。

参道が途切れると、柴又駅前の広場になり、おなじみの雪駄《せった》に中折れ帽、四角いトランクを提げた寅さん像が出迎えてくれた。

帝釈天の境内、参道は、浅草寺のそれと比べると、ひとまわりもふたまわりも規模が小さいが、有名観光地で外国人も多い浅草とは違った、ひなびた味わいが柴又にはあって、いつ来ても心が安まる。

公園の奇岩

柴又駅から金町線と平行する道を南下して、高砂駅を越え、新中川の土手に出た。江戸川や荒川は、河川敷が広く、公園や野球場、ゴルフ場もあり、家族連れの憩いの場にもなっているが、中川や新中川には河川敷と呼べるものはなく、土手の斜面に雑草が生い茂っているだけだ。

とくに、新中川は川幅が狭く、平行して金町と新小岩を結ぶ貨物線が通っているだけで、土手から見える光景は荒涼としている。しかし、都内でこれだけ殺風景なところも珍しいので、場末好きの僕にとっては、いっそ気持ちのいい散歩道になる。

新中川は、葛飾区や江戸川区の住宅密集地を貫くように流れているので、川幅が狭い割に、橋の数がやたらと多い。僕が土手に上ってからも、三百メートルほどの間隔で高砂諏訪橋、細田橋、三和橋が次々と前方に現れた。雨が降り出したこともあり、人っ子一人出会うこともなく、三和橋を渡って奥戸小学校の方面に出た。

環七を渡ると、中川に架かる奥戸橋に出る。つげ義春に「海へ」という作品があり、家舟で暮らす薄幸の少女が出てくるが、あの家舟は、中川のこの辺りにもやっていたのではないだろうか。

奥戸橋の手前は、ダンプカーの通行が多く、歩道も整備されていないので、歩くのが苦痛だ。早々に橋を渡り、立石の古い住宅街に入るとほっとした。

立石八丁目の税務署の近くに、立石という地名の由来となった奇岩をまつる祠《ほこら》があると聞いていたので、周辺を歩いたがなかなか見つからない。表通りに立つ古びたマンション裏の路地に迷い込むと、小さな公園があり、石の鳥居と祠がやっと目に入った。

名もないこの公園のシーソーのわきに、石垣で囲まれた砂場のような一角があり、出べそのように〝立石〟が地面にちょこっと顔をのぞかせている。江戸時代には、土中に埋めても翌日には地面からにょきっと突き出てくる奇岩として人々に崇められたというのだが、いまはどこにでもある貧相な石にしか見えない。

葛飾区教育委員会の説明板には「この石は、房総半島の鋸山の海岸部に産出するもので、本来は古墳時代後期に古墳石室の石材として用いるために運び込まれたものと考えられます」と書いてあった。どういうご利益があるのか、〝立石〟の周りには神社の賽銭よろしく、金がばらまかれていたが、どれも五円玉や一円玉なのは、なぜだろう。

「ミツワ」

立石駅前の商店街に戻ると、午後四時半少し前だが、「宇ち多゛」は店じまいするところだった。土曜日は正午開店で、もつがなくなり次第閉店ということだが、以前はもっと遅く、日が暮れるころまではやっていたような気がする。

そこで、一本裏の通りにあるもつ焼きの「ミツワ」に行ってみたら、店の前に行列ができていた。いま、一種の立石ブームになっているのだろうか、「宇ち多゛」

小さな公園の遊具のそばに〝立石〟の祠がある

と同じように、若い人が目立つ。僕が並んだのは列の最後尾だったが、開店と同時に何とかもぐりこむことができたのでほっとした。

「ミツワ」は、四人がけのテーブルが五つ、奥に七、八人は座れる小上がりがある。もつの焼き場に面して、表にも席が設けられている。

この店のいすが面白い。座面が真四角で木製のボックスのような形をしている。あまり他では見かけないので、もしかしたら自家製かもしれない。テーブルもいすも下町酒場そのものだが、壁に鋳鉄製の燭台のような照明器具があり、裸電球がぽつんと灯っている。窓の鉄格子も一見アール・ヌーヴォー風のしゃれたデザインだ。

もつ焼きのカシラと言えば、豚の頭身のことだが、ここの品書きには、頭身（アブラ）、頭赤身（アカミ）と書かれている。アカミはとくに人気で、遅い時間に行くと大抵品切れになっている。アカミはもちろん、普通に塩、たれで焼いてもらっても旨いが、「ほぐし」という頼み方もある。素焼きした後、串からはずして皿に盛り、塩コショウ、刻みネギとおろしニンニク、ショウガをかけた品だ。醬油をたらして、混ぜて食べるとさっぱりとして旨い。シロ、タン、レバーなどもつ焼きは、すべて「ほぐし」で注文できる。

もつ焼き屋だが、刺身も旨い。その日、その日の新鮮な刺身三点盛り合わせが五百円。注文したら、ホタルイカ、タコ、中トロが一皿に盛られて出てきた。頼んだのは、他にアカミのほぐしと肉だんご。肉だんごは、豚ミンチのつくねだが、ボリュームたっぷり、少し甘めの醬油だれによく合う。

飲み物は、焼酎ハイボールにした。宝焼酎を炭酸で割り、レモンスライスをのせた、いたってシンプルな酎ハイだが、下町酒場では、無色透明な酎ハイはかえって珍しい。たいがい、焼酎に「天羽の梅」のようなエキスを混ぜて褐色にしたものを炭酸で割って出しているからだ。「ミツワ」の透明酎ハイは度数も高くないので、すいすいと飲める。

飲み食いした皿やコップは重ねて置いておき、最後に店の人が数えて勘定をする決まりになっている。周りを見ると、コップが高々と積み重なってタワーのようになっている人もいる。かくいう僕も、酎ハイのコップが四つ重なり、いま五杯目を飲み干すところだ。きょうは、随分と歩いたので、さすがに酔いが回ってきた。

勘定を済ませ、店の外に出た。さて、すぐ並びの立ち食い「栄寿司」で、にぎりを少しつまんで締めとするか。ここも安くて旨い店だ。立石に、老若男女問わず、呑んべえたちが続々と集まってくるのも分かる気がする。

さらに足をのばして❾

春（柴又）

寅さんも食べたオムレツ

葛飾・柴又へは、寅さんを気どって矢切の渡しで行きたい。

京成国府台駅で下車し、江戸川の堤防の道を北上する。河川敷に野球をしている少年たちの歓声が響き、ジェットスキーに興じる人もいる。時折、堤防に腰を下ろして川面をぼんやり眺めて休憩しながら小一時間歩くと、松戸市の矢切に着いた。

河川敷ゴルフコースのわきを抜けると渡船場。大人は片道百円。強風や川の流れが速い時でなければ、船頭さんが手こぎで対岸の柴又まで渡してくれる。

寅さんが産湯をつかった帝釈天の境内を抜け、名物の草だんご、せんべい、川魚料理の店が並ぶ参道を歩く。参道を過ぎれば、もう柴又駅前。駅に向かって右側に「春」がある。土、日、休日は昼から開いているので、散歩好きの酒飲みにはありがたい。

「御食事処」というだけに、出される品はどれも美味でボリューム満点だ。居酒屋の

定番ものもいいが、納豆オムレツ、あげもち、などちょっぴり変わった品がお薦め。砂肝の刺し身はここで初めて食べたが、まるでミル貝の刺し身のようで旨かった。

主人は、柴又の元ガキ大将、渡辺春樹さん。日大のアメフト部にいたころ、近くの幼稚園にいた美貌の保母さんを見初め、結婚した。それが、いまの女将のかおるさんだ。二十六年前、立ち飲み屋でスタート。当初は肉料理が中心だったが、飲みに来る川魚料理の板前さんに教わり、刺し身を始め、和食も出すようになった。

柴又といえば映画「男はつらいよ」。ロケのとき、渥美清は駅前にとめたハイヤーで待機した。待ち時間があまり長くなると、ふらっと、この店に立ち寄った。酒を飲まない渥美は、お茶をのみながらオムレツを食べたりしたという。

「映画のイメージとは違って、無口で気難しそうな感じの方でしたねえ」。かおるさんは亡き寅さんの思い出を語った。

（二〇〇五年七月）

さらに足をのばして⑩

ろばた焼　幹（松江）

手で搾る名物グレープハイ

山陰の松江は遥かかなたの街だが、江戸川区の松江も東京都心からみると、辺境の地かもしれない。遠い、たしかに遠い。〝最寄り〟の都営新宿線船堀駅と一之江駅から歩いていずれも二十分近くかかる。この東京のとっぱずれに、こんな名店があるのだから驚きだ。「昔は、この辺りが江戸川区で最もにぎやかな商店街だったんですよ」主人の江沢幹雄さん（58）は意外なことを言う。一九五二（昭和二十七）年、上野公園―今井間で営業を始めたトロリーバスが店のすぐ裏の街道を走っていた。そのころは、大勢の人が買い物やハゼ釣りにやって来て、大層なにぎわいだったという。

付き出しにミズダコの刺身が出た。吸盤の部分は網にのせて炙《あぶ》る。醬油も塩もしていないが、焦げ目がついた吸盤は何とも滋味があって旨い。

「タコ自体に塩分があるので味付けは必要ないんです」。作務衣のような上っ張りを着た江沢さんは苦み走った二枚目で、映画「居酒屋兆治」の高倉健にそっくりだ。多

趣味で、夏場は房総の海で仲間と素潜りを楽しむ。若いころは冬山にも登ったという。まだうごめいている、活きたアワビやサザエ、ハマグリを次々と豪快に網で焼いていく。醤油ダレと貝のエキスが焦げた、香ばしいにおいが店に充満。食欲中枢をズンズン刺激して、思わず唾をのみ込んでしまう。本マグロやキンキなどの鮮魚ももちろんお薦め。品書きにはないが、和牛サーロインステーキも常備する。「魚が苦手という方もいますから」。前日に食べたい魚介類を連絡すると、築地で仕入れてくれるというのもうれしい。

　飲み物は何と言ってもグレープハイだ。注文を受けると、〝健さん〟が半分に切ったグレープフルーツを左手でぎゅっと握り、果汁を搾《しぼ》りとる。「搾り器でやると、どうしても苦味が出るんで……」。出版社のカメラマンを辞め、三十年前に開店。炉端焼きブームのころで周辺にも数軒あったが、残っているのはここだけだ。「あの炉端焼きは抜群に旨い」。こんな噂が口コミで広がったのに違いない。

（二〇〇六年四月）

さらに足をのばして⑪

割烹　升本（亀戸）

老舗が守る幻の大根料理

どこを切っても金太郎飴ならぬ、どこの店でも青首大根、のご時世だ。肩口が緑がかった寸胴《ずんどう》のこの野菜。大根の全生産量の九五％を占め、市場を独占している。辛みが少なく煮くずれしないというニーズに合い、収穫時に引き抜きやすい利点もあるからだ。

練馬、守口、三浦、桜島……。各地に個性豊かな大根があるのに、ふだん口にするのが青首ばかりというのはちょっと寂しい。

創業百年を超すこの老舗は、幻の亀戸大根を使った料理を名物にしている。江戸時代末から明治、大正時代にかけて亀戸の香取神社周辺で盛んに栽培されていたこの大根。人参ぐらいの大きさで先の尖った形、葉が柔らかく大きいのが特徴だ。今は亀戸でつくる農家はなく、東京・葛飾や北海道の農家と契約して有機栽培している。大根とアサリを煮た「亀戸大根あさり鍋」が自慢の品だ。

「昔はこの近くの海でアサリがよく採れたそうです。味噌仕立ての懐かしい味を守っています」とフロアマネージャーの江頭永三さん。煮汁の旨みが染みた大根が酒に合う。

他にも、たまり漬け、さらだ、ステーキ、寿司、と大根料理の種類は多く、杯がすすむ。料理の豊富さは、根だけでなく葉も活かしていることの証だ。

元は明治初期の建物だったが、惜しくも十年ほど前に全焼。近隣へのお詫びとお礼を兼ねて香取神社に「亀戸大根の碑」を献納した。

幻の大根で一献傾けた後、往時に思いを馳せ、境内で碑に手を合わすのも一興かもしれない。

（二〇〇七年九月）

さらに足をのばして⑫

ちゃんこ　北瀬海（小岩）

味にこだわる名関脇の店

開店の由来が泣かせる。二十九年前、満身創痍で引退を決意した元関脇北瀬海（現・君ヶ濱親方）だが、九重部屋にはまだ後進が育っていなかった。「ここで辞めるわけにはいかん」。踏みとどまり、かわりにちゃんこ料理店をやることにした。若い力士たちに思う存分、食べさせることもできると思ったからだ。

そのせいなのか、この店のちゃんこ鍋はお相撲さんサイズ。「一人前で、楽にお二人は召し上がれます」と、おかみの土谷洋子さんは言う。女性なら三人でもいいかもしれない。

鍋は量だけではなく質も一級品。しょうゆ味の「そっぷ鍋」は、鶏ガラ（そっぷ）と昆布でとっただしが素晴らしい。鶏つくねや野菜を煮るうち、さらにだしが染み出て、締めのうどんが堪らない旨さになる。魚介類と野菜を豪快に盛った、みそ味の「北瀬海ちゃんこ」もお薦めだ。

「うどんはわざわざ関西から取り寄せていますし、マグロの刺身は生です。冷凍は使いません」とおかみ。鍋で使う柚胡椒《ゆずごしょう》も特製品だ。

品書きを見ると、ハタハタ、するめいかのわた煮、このわた、あじなめろう、と酒がすすみそうな美味、珍味の肴が並ぶが、どれも廉価だ。これでやっていけるのだろうか。「もうけがなくてもいいと親方が言うものですから……」

途中、親方が席に顔を出したが口数が少なく、いかにも昔の相撲取りという感じ。風格がある。

引退して三十年近くなるのに、その人柄を慕って「親方を囲む会」が定期的に開かれているのがよく分かる。

（二〇〇八年四月）

とりあへず（四つ木）

寿司職人こだわりの肴を満喫

かつて日本の花形輸出品だったセルロイド人形。その生産の中心地が、葛飾区四つ木だった。地元の公園にはセルロイド工業発祥記念碑が立ち、セルロイド人形の博物館もある。

この店が開業した二十五年前。周辺にはセルロイドの町工場がひしめいていた。「父ちゃん、母ちゃん、兄ちゃんの家族でやる『三ちゃん工場』なんですよ。工場が終わってから食べにくるので、そのころは夜の十一時ごろから店が盛り上がったりしてね」。主人の大原芳次さんは笑いながら、往事を懐かしむ。

生家は、葛飾区青戸の老舗寿司店。跡取り息子の大原さんも若いころ、店で十五年間寿司を握ったが、フライパンを使った料理もやりたくなり、勘当同然で家を飛び出し、自分の店を持つことに。だが、店名が決まらず、奥さんや義母が「とりあえず○○で」「いや、とりあえず××に」と侃々諤々。「それならいっそ『とりあへず』にしよう」と大原さんが収拾してユニークな店名がついた。

壱岐の白いか刺、舞鶴の岩がき、など産地にこだわる鮮魚も魅力だが、一手間かけた肴が「とりあへず」流だ。

例えば、さんま共肝焼。肝を溶かしたタレにさんまの身を漬け数時間干して焼き、最後に山椒粉をぱらり。すずき明太子和え山芋ソースという料理もある。

お通しに、新子とづけの寿司が出た。どちらも下ごしらえの差が出る握りだ。

「食べてもらえれば、うちのはチェーン居酒屋の寿司とは違うと分かってもらえるので、お通しにしています」。この言葉に、寿司職人の矜持が垣間見えた。

（二〇〇八年十月）

さらに足をのばして⑭

ゑびす（四つ木）

「まいった」と叫ぶ品数、客応対

いやあ、凄い。こんな素晴らしい酒場がまだ都内にあって、これまで知らなかったとは……。先日、大学時代からの酒友から突然の電話があり、連休の中日をモノともせず飲みに行くことになった。目指すは四つ木。「ゑびす」という名店がある、との噂を聞いていたからだ。

　駅を降りて四つ木二丁目を目指す。折からの猛暑。炎天下、汗をだらだらたらしながら歩くこと十数分で、左手に紺色の大きな暖簾が見えてきた。間口は二間以上。「大衆酒場」と書かれた暖簾の重みで竿がたわんでいる。ガラス戸を引くと、一直線にどーんと長いカウンターが目に飛び込んできた。まだ五時すぎだが、呑んべえたちで、すき間なく埋まっている。今はなき、あの東向島「大久保酒場」を彷彿《ほうふつ》とさせる光景だ。

　圧倒されたのは、白い短冊に書かれた肴の数。帳場の壁面にずらりと並ぶ、その数

は百五十、いや二百以上か。生ビールでのどを潤しながら、品書きを眺めて驚いた。定番の刺し身やもつ焼きだけでなく、どじょうの丸なべ、抜きなべ、コチやアナゴの天ぷら、レバニラ炒め、野菜炒めなどの中華モノ、それに、お茶漬け、カツ丼、親子丼などのご飯モノまである。飲み物は、定番のハイボール、酎ハイ各種のほか、黒ビール、電気ブラン、ニッカウイスキーも。日本酒も純米酒、吟醸も置いている。

これだけ品数が多いと、某チェーン店みたいに安っぽくなるものだが、ここには下町酒場独特の凛《りん》とした美しさがある。

どじょう丸なべとカツオの刺し身を注文。どじょうは肉厚で、ほどよく煮込んであり小骨が当たらない。ネギがたっぷりかかって、山椒を落とすと、この暑さでも食欲がわいてくる。カツオは切り口が虹色に輝く鮮度の良さで、ニンニクとショウガ両方の薬味がついているのがうれしい。

値段も安い。ほとんどが二百円台。〝高級〟なカワハギの刺し身や天ぷら類が三百七十円。好奇心からレバニラを頼んだら、モヤシがしゃきっとして、レバーはモチモチで激ウマだった。

調理場で働くのは、三、四人のようだが、どうしてこれだけの品数をさばけるのか不思議だ。カウンターの応対はおかみ一人だが、実に的確。小生の隣にいた馬鹿ップルが、お茶漬けを頼んだら、「はいっ」とすかさずチェイサーの熱いお茶を出してい

た。

勘定を頼むと、おかみが、チョークを持ってカウンターの内側に数字を書いて計算。下町酒場でたまに見かける方式だ。ハイボール、ウイスキーと飲みまくったのだが、一人三千円にも満たない。思わず「まいった」と叫びそうになった。

「ゑびす」を出て、千鳥足で、さらに立石の方向に歩いていく。風に揺れる可憐な暖簾が目にとまった。白地に「酒の店」とだけ書かれている。

吸い込まれるように、店に入ると、五、六人が座れるだけの小さなコの字のカウンター。その内側で、こざっぱりしたおかみが笑顔で「いらっしゃいまし」。築五十年かと思われる仕舞屋風の造りだが、柱は磨き上げられ、飴色に。埃ひとつ落ちていない店内に、女手の店らしく、花が活けてあるのが目にやさしい。思わず注文するのも忘れて「ほうっ」とため息をついた。

この日は、カウンターは常連で埋まっていて、僕らは一畳ほどの小上がりで飲んだ。肴は、ぬたや煮物など腹にたまらないものにしたが、いずれもおかみさんの手料理で、心がこもっている。

「ここは、立石と四つ木とどちらが近いの？」と聞くと、「さあ、四つ木でしょうけど、立石も遠くないですよ」

四つ木と立石の中間。都内とはいえ、チベットかブータンのような所ではないか。つげ義春少年がかつて、メッキ工場で働き、じいちゃんの焼いたせんべいを囓ったのもこの辺りではなかったか。こんな場末に、かくのごとく、野菊のように美しい酒場があったとは……。次に来たとき、夢がさめて、店が消えてなくなっていなければいいが、と心配している。

（二〇〇四年八月）

地酒・小料理　さくらい（立石）

一手間かけた肴で厳選の地酒を飲む

馥郁《ふくいく》たる香りと芳醇な味わい。他の酒にはない日本酒の旨さが、一人の男の人生を変えた。「二十代のころ、日本酒の旨さと奥深さにはまり込み、いつか酒にこだわった店をやりたいと願うようになったんです」。この店の主人、櫻井達也さんは葛飾区役所に勤めていたが、夢をかなえるため三十歳で退職。居酒屋で六年間修業した後、開店にこぎつけた。十三年前のことだ。

厳選した地酒を常時十二、三種類置く。ただし、日によって飲める酒は三種類ほどに限定。「開封すると基本的に劣化するので、開けた順に飲んでいただいてます」ちょうど空になった時に居合わすと次の銘柄を選べる。この日は運良く、「遊穂」（石川）純米吟醸を開けてもらえた。適度な酸味で、コクのある味だ。

地酒選びの基準は「旨みとコクと切れの三つのバランス。余韻を残しながら、すっと消える感じが大事です」。一升一万円の高級酒もあるが、すべて正一合七百円とい

うのがうれしい。一人で店をやっているため、徳利、グラスの交換はない。客は、チェイサーの水をうまく使って次の銘柄に備える。

古き良き飲み屋料理にちょっと手を加えたような肴がいい。「カマンベール酒盗のせ」は、和洋の珍味がコラボした品で、酒がすすむ。「ねぎトロと新たまねぎのユッケ風」は、「醸し人　九平次」（愛知）純米の、濃厚だが切れのある味にぴったりだ。

開店当初は苦しかったが、今では常連も増えた。「居酒屋料理で旨い地酒を飲む」。この単純だが骨太の基本姿勢がある限り、これからも愛され続けることだろう。

（二〇〇九年三月）

最もうまいビールとは

ビールには幾度か命を救ってもらった。

こう書くと、何やら意味深だが、あながちウソというわけでもない。最初は、十五年ほど前、紀州の熊野古道を歩いた時のことだ。八月のお盆休みに急に思い立ち、何の準備もないまま田辺駅を降りて東の熊野大社に向かって歩き出した。Ｔシャツにジョギングパンツ、スニーカーの軽装。小さなデイパックにタオルと着替えを入れただけで、水筒も持っていなかった。

「途中、きれいな川が流れ、わき水もある。いくら田舎といっても自販機もあるだろう」。水筒を持たなかったのは、脳天気にこう考えていたからだ。そのころは、まだ本格的に山登りを始めていなかった。登山の経験があれば、人間にとって水がいかに大切か分かっているので、水筒も持たずに長時間のトレッキングをするという危険はおかさなかっただろう。

歩き始めて三時間近くは、まさに僕が考えていた通りに進んだ。じりじりと照らされ暑くなると、古道と平行して流れる熊野川に降りて、水泳をした。国道沿いには、清涼飲料水の自動販売機もあって、のどを潤すこともできた。

しかし、次第に山が深くなり、人家も途切れがちになってきた。確か、皆地という集落の小学校で休んでいた時だ。地元の老人がやってきて世間話をしていたら「ここも、電気が通るようになって便利になった」という。「へえ、最近まで電気もなかった僻地なのか」と驚いたが、まだ危険を察知していなかった。

皆地を過ぎると、昼なお暗い山道に入って行った。天上天下唯我独歩。一時間歩いても人家は一軒もない。一年で一番暑い季節である。のどが猛烈に乾いてきたが、わき水はなく、もちろん、自販機があるはずもない。日に焼けた腕もひりひりしてきた。

しばらくすると、軽トラックが通りかかった。山仕事をするじいさんが乗っていて、「おい、どこまで行くんだ。乗せてやろうか」と言ってくれたが、「何とか歩き通そう」と意地になっていたので断り、歩を進めた。

近露というところに宿を取っていた。地図を見て、田辺から歩いて七、八時間で着くだろうという見当で宿泊地にしたのだが、今から思えば驚くほど大ざっぱだ。一つには、そのころ、体力に自信があったこともある。体力というより膂力といった方がいいかもしれない。階段はいつも二段飛ばしで走るように昇っていたし、三八度の熱があっても食欲も落ちず普通に仕事をしていたぐらいだ。

ともかく、日が暮れてから近露の宿に着いた。脱水症状なのだろうが、頭痛はするし、腕は水ぶくれになっていた。部屋に通されて、まず最初に頼んだのは、ビールだった。大瓶二本を一気に飲み、しばらく横になった。体の細胞に水分が染み通っていくようで生き返った。夕食でもまた二、三本飲んだ。水でも良かったのだろうが、大量の水を飲むのは意外と苦しいものだ。いや、きれいごとを言うのはやめよう。要は、酒飲みなのでビールが飲みたかったのである。宿に着くまでの間、「ビール、ビール」と頭の中で連呼していたのを覚えている。

もう一度は、十年ほど前のこと。三月の春分の日に仲間二人と南アルプスに行った。峠までバスに乗り、そこで一緒に乗ってきた中年の女性と別れた。バスでの話振りからこの中年女性は相当なベテラン登山家だと思った。彼女は北岳に、僕らは鳳凰三山に向かった。（女性は北岳の肩の小屋付近で遭難死した。後に分かったのだが、彼女は僕らが想像した通り、故長谷川恒男氏とマッターホルンに登ったこともある著名な登山家だった。）

僕らはこの日、観音岳を少し下ったサイノ河原でテントを張って寝たが、記録的な大雪で、夜中に息苦しくて目が覚めた。テントが半分以上、雪に埋まっていたのだ。コッヘルを持ち出して、交代で雪かきをしてテントを元通りの状態にした。ところが、シュラフに入ってうとうとすると、また息苦しくなる。雪の勢いは衰えず、再びテントが埋まったのである。結局、一晩中、交代で雪かきをして朝を迎えた。

一面の新雪で道がホワイトアウトした中、地図と磁石を頼りにやっとの思いで鳳凰小屋にたどり着いた。そこから小屋の主人に頼み、無線で家族や勤め先などに無事を伝えた。そして、翌日。夜明けを待って出発したが、通常のルートは雪が緩んで雪崩の心配があるので、シャベルを持って交代でラッセルしながら、道をつくり、下山することになった。雪山をラッセルしながら進むのは、ふつうに歩くときの何倍も体力を消耗する。御座石鉱泉にたどり着いたときには、息が上がり、立っていると膝ががくがく震えるほど弱っていた。目の下に隈もできていた。仲間の一人は「足が痛い、痛い」とさかんに言っていたが、後に疲労骨折していたと分かった。

僕も仲間二人も酒好きだ。鉱泉に着き、ザックを降ろすかいなかで、早速ビールを頼んだ。僕はふだん、せいぜい中瓶一本しか飲まない。最初にコップ一杯だけ飲み、あとは酒や焼酎に移ることが多いが、この時は熊野のときと同じように大瓶を二本、一気に飲んだ。よほど、疲れていたのだろう。酔いが回って、しばらくうとうとと寝てしまった。

この二度の体験の際、ビールがうまかったかというとそうでもない。ビールの味をどうこういう余裕もなかった。とにかく、水分補給のためにのどに流し込んだというのが正確なところだ。

では、どんな条件で飲むのが、うまいビールなのだろうか。カンカン照りの夏の午後、キーンと冷えたやつを凍ったジョッキで飲む。これは確かにうまいが、外気とビールの温度差があまりに大きいと、胃が収縮するためか、最初の一杯はうまいが、それほどたくさん飲むことはできない。かき氷を食べ過ぎた時のように頭がズキズキすることもある。

ジョギングかウオーキングをし、さらにサウナに入って汗を絞り出してから、飲むビールもうまい。しかし、これは先ほどの体験談と同じで、ビールというより水分を体が欲しているので、冷えた麦茶を一気飲みしてもそれなりに満足感を得られるだろう。ビールを味わう、というシチュエーションではない。

一番うまいと思うビールを飲むには、前夜から準備が必要だ。準備というと、大げさだが、要は前の晩に、酒をいっぱい飲むのである。それも、焼酎やウイスキーなど蒸留酒系ではなく、日本酒の吟醸酒などを冷やでぐいぐいやるのがいい。肴は刺身とか豆腐などあっさりしたものにしたい。ぐいぐいといったが、吐くほど飲み過ぎてはいけない。しかし、翌日に酒が残る状態にはしたい。このあたりの加減が難しい。

翌朝は、当然ながら軽い二日酔いだ。しかし、戻すようなひどい二日酔いでは困る。体がけだるいな、というような状態が望ましい。朝食を抜いて、昼ごろまで横になって休む。午後二時ごろ、おもむろに起き出し、少し汗ばむ程度に歩いて、そば屋に行く。季節は、真夏じゃない方がいい。初夏か初秋がベストだ。

　そして、いよいよビールを頼む。できればエビスかキリンラガーの中瓶で、あまり冷えすぎていない方がありがたい。肴は、板わさか焼き海苔。小振りのグラスにビールを注いできゅーっと飲《や》る。これがうまい。本当にうまい。朝食を摂っていないからのどが乾いている。それに、前夜の酒がまだ残っているから、一種の迎え酒だ。一本飲み干すころには、ほどよく回ってくる。日暮れまでには時間があるが、店の中にいると、昼か夜か分からなくなって時間の感覚が麻痺してくる。前夜からずっと飲んでいるような気もする。そして、もう一本……。

　これが、目下のところ、最もうまいと思うビールの飲み方である。


（二〇〇一年七月）

第三章　川風に吹かれて

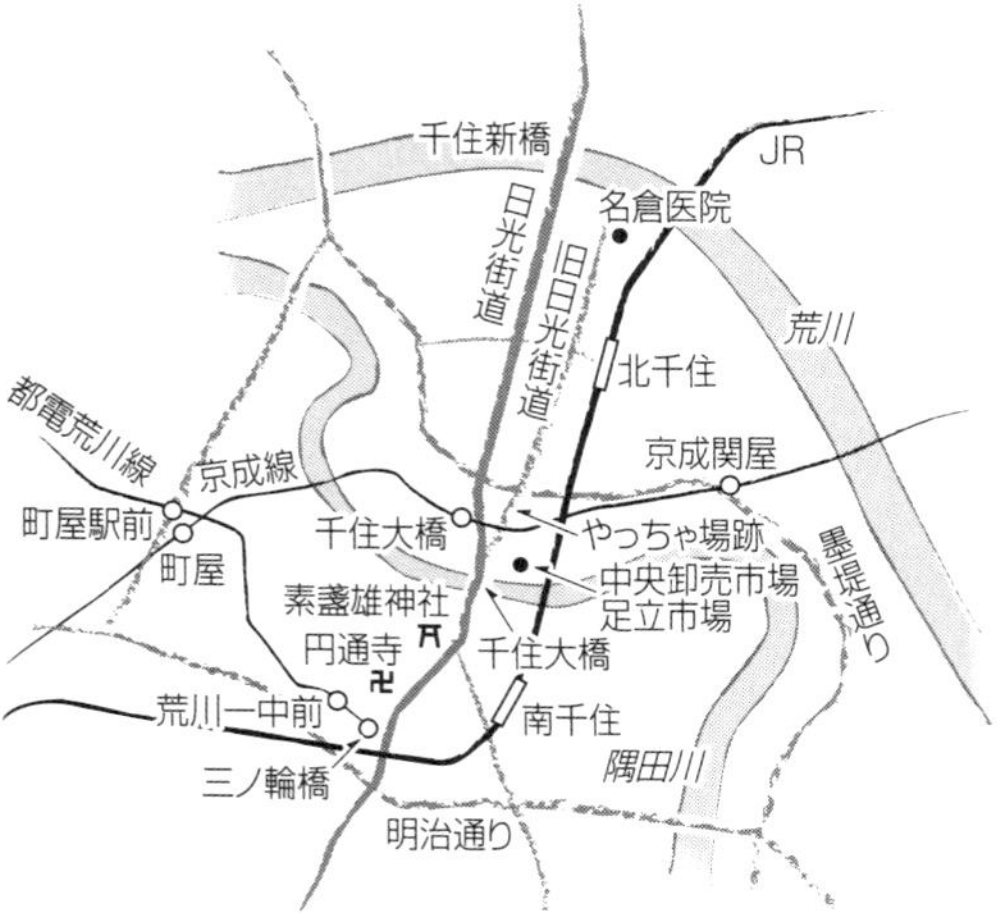
千住新橋
JR
名倉医院
日光街道
旧日光街道
荒川
北千住
都電荒川線
京成線
京成関屋
町屋駅前
千住大橋
やっちゃ場跡
墨堤通り
町屋
中央卸売市場
足立市場
素盞雄神社
円通寺
千住大橋
荒川一中前
南千住
三ノ輪橋
隅田川
明治通り

宿場町に江戸の名残　千住を南北縦断

　また、昨夜《ゆうべ》も飲み過ぎた。頭が重く、軽い胸焼けがする。僕は酒好きだが、毎日飲まないと気が済まないというわけではない。一滴も飲まない日も結構あるのだが、きのうのように気が置けない酒友と夜の町に繰り出すと、どうしても、一軒目はガード下の立ち飲み屋で一杯ひっかけ、二軒目は刺身の旨い居酒屋に腰を据え、三軒目はシングルモルトが並ぶバーで締めるという具合に、世阿弥ではないが、序・破・急の流れで、ついはしごをしてしまう。

　二日酔いのときは、肉体的なつらさもあるが、前夜のことを思い出したときの精神的なつらさも相当なものだ。乱酔、大言、壮語、濫費、徘徊……。一夜空けて素面《しらふ》の自分が、自らの行動を振り返り「もうやめよう」と思うのだが、いつまでたっても同じことの繰り返しである。

　中原中也が「宿酔」という詩を書いている。冒頭は「朝、鈍い日が照ってて／風がある。／千の天使が／バスケットボールする、の意味がよく分からない。まだ酔いが残り、朝の光がまぶしく目の奥がチカチカするのか、それともこめかみが脈打ち痛むのか。いずれにしても肉体的な不快感を表しているものと長い間思っていたが、最近は飲み過ぎたことへの後悔や焦燥感など精神的な不快感を表現したのではないかという気がしている。

まあ、それはともかく、飲み過ぎた翌日、家《うち》に閉じこもっていては気がふさぐばかりだ。取りあえず、表に飛び出して町を歩けば、心も体もリフレッシュするだろう。

路面電車とレトロ商店街

家から歩いて十五分ほどで町屋の駅前に出る。

僕は鉄道ファン、いわゆる鉄ちゃんではないが、路面電車が好きだ。一両だけのちっぽけな電車がガタンゴトン揺れながら、民家の軒先をかすめるようにしてゆっくりと走っていく。そんな昭和の匂いのする風景を見たくなると、都電荒川線のある町屋まで行くことにしている。

町屋駅ビルの二階にある「デニーズ」に入り、窓際の席に座る。昼どきになると、小さな子どもを連れた若いお母さんたちのグループで埋まってしまうが、午前中なので、外を眺められる席に着くことができた。

駅ビルから細い道を隔ててすぐの所を路面電車が走っている。三ノ輪橋方向へ行く電車、逆に早稲田へ向かう電車が、窓の下で交差する。ミルクティーを飲みながら見物していると、いろんな型の車両があり、ボディーの広告も千差万別で見飽きない。右手には京成電鉄の高架もあり、成田空港に向かうスカイライナーも見ることができた。

紅茶のカフェインで頭がすっきりしてきた。路面電車ウオッチの後は、実際にチンチン電車に乗って、三ノ輪に向かうとしよう。

荒川区役所前の停留場の辺りに差し掛かると、前方に東京スカイツリーが見える。踏切のわきに、三脚付きカメラのファインダーをのぞいている男性がいる。昔ながらの路面電車を前景にして、最先端のスカイツリーを写真に撮ろうということだろう。とくに建設途中のスカイツリーとチンチン電車のコラボは、いまでないと写せない。この荒川区役所前辺りは、絶好の撮影ポイントになっているのだ。

終点の三ノ輪橋のひとつ手前、荒川一中前で降りた。アーケード商店街の「ジョイフル三の輪」を歩きたくなったからだ。

大型ショッピングセンターやディスカウントショップの進出で、昔ながらの商店街はどこも苦境に立たされていると聞くが、このジョイフル三の輪は、いつ来ても買い物客でにぎわっている。

アーケードの真ん中辺りに、餃子持ち帰り専門店「さかい食品」がある。店の人がうつむいて黙々と餃子をつくっている姿が印象的だ。ここの餃子は、しっかり味付けしてあるので、タレをつけなくても旨い。十個入り焼き餃子を買って、すぐ近くの瑞《ずい》光《こう》公園のベンチで缶ビールを飲みながら食べたことがある。きょうも「いっそ迎え酒で、昼飯代わりに……」という思いが一瞬頭をよぎったが、町歩きの前や途中に飲むのを自ら禁じているのでやめた。歩き終わった後の一杯を楽しみに、前へ進もう。

少し歩くと、左手に「パンのオオムラ」が見えてきた。コッペパンにさまざまな惣菜を挟んだパンが人気の店だ。店の壁に「コロッケパン　11時30分」「やきそばパン　11時40分」などと記した紙が貼ってある。できたてを買う常連客が多いのだろう。

さらに進むと、蕎麦の老舗、南千住砂場総本店がある。板わさ、焼き海苔で酒を飲んで、もりそばで締めるのは定番だが、ここも通り過ぎる。

商店街を抜けると、三ノ輪橋停留場に出る。板塀にボンカレーや金鳥蚊取り線香、亀の子束子《たわし》などのホーロー看板が掛かっていて、レトロな雰囲気を演出している。そう言えば、路面電車にも昭和初期の市電をモチーフにしたレトロな車両があるが、実は9000形という最新の車両なのだという。

周辺で本物のレトロな施設といえば、日光街道に面して立つ梅沢写真館だ。都電荒川線の前身である王子電気軌道（王電）の旧社屋だったこのビルは、昭和初期の建設だという。一階はアーチ型の通路になっていて日光街道と三ノ輪橋の停留場をつないでいる。通路の日光街道寄りに、壁をくりぬいた小さな洞穴のような新聞売り場がある。古びた木製の台に新聞や雑誌が並べられ、台の奥に老女がぽつんと座っている。終戦直後の焼け跡闇市のような趣の店だ。

新聞売り場の反対側にあるのが「ナマステ」というインドカレーの店。香辛料の効いたカレーは美味で、カウンターに、定番のラッキョウ、福神漬のほかチャッツネやレーズンなどが置いてあり、自分で好きなだけトッピングできるのもうれしい。ここで昼食にしようかとも思ったが、昨夜の深酒で胃が疲れているので、和食が食べたくなって日光街道沿いの「近江屋食堂」に向かった。

この大衆食堂は、店の奥のガラスケースに並ぶサンプルを見て注文する。さて、きょうは何にしようかと、サンプルの前まで来て「やばい」と声を出しそうになった。周りのテーブル席に散らばっている二、三人のグループや一人客の前に、ビール瓶や酎ハイのジョッキが並んでいたからだ。昼間だが、店内は居酒屋の様相を呈している。週末は、おかずを単品で頼み、飲む人が多いのを忘れていた。しかし、同じように酒を飲んでしまってはオシマイだ。飲みたいのをこらえて、ガラスケースをのぞき、サバの味噌煮、切り干し大根、きゅうりもみ、飯と味噌汁を頼み、急いで食べて店を出た。

隅田川初の大橋

日光街道を北上すると、古刹、円通寺の門前に出る。戊辰戦争のとき、官軍と戦って敗れた彰義隊士の遺体が上野の山に散乱した。賊軍の烙印を押されたので、誰も埋葬しようとしなかった遺体を円通寺の住職が引き受け、寺内に埋葬して供養した。激戦地となった上野寛永寺の黒門も明治末期にこの寺の境内に移設された。多くの弾痕跡が、戦いの激しさをうかがわせる。

円通寺の境内には吉展地蔵も立っている。台東区で一九六三（昭和三十八）年、四歳の吉展ちゃんが誘拐され殺害された事件が起きた。犯人の小原保の供述通り、円通寺にある墓の中から遺体は見つかり、のちに幼い男児の死を悼んで地蔵が建立された。

さらに北へ向かって歩くと、素盞雄《すさのお》神社に出る。平安時代の七九五（延暦十四）年創建の古社で、荒川区内で最も広い氏子区域を持つ。毎年六月に開催される例祭の天王祭には、周辺六十一カ町から神輿が出て、町屋、三河島、南千住かいわいを練り歩く。境内はそれほど広くないが、立派な本殿、社殿があり、年代を感じさせる狛犬も鎮座している。創建の由緒となった瑞光石《ずいこうせき》もまつられている。その昔、この奇岩が光を放ち、二柱の神様が翁の姿で現れたという。先ほど通った「ジョイフル三の輪」わきの公園は瑞光公園だし、周辺の小学校にも瑞光の名称が使われている。

「奥の細道」の旅に出た芭蕉は深川から舟に乗って千住で陸に上がり、長い旅の出発点となった。境内には、このとき詠んだ「行く春や鳥啼き魚の目は泪」の句碑がある。

日光街道に戻って北へ進むと、千住大橋が見えてきた。一九二七（昭和二）年竣工の鋼製タイドアーチ橋だ。最近の橋は、斬新なデザインで夜間はライトアップされ、観光スポットになっているものも多いが、千住大橋はあくまで質実剛健。リベットむき出しの鉄骨が縦横に交差して、どっしりとした存在感がある。

橋の名盤には「大橋」とだけ記されている。初代の千住大橋は、徳川家康が江戸に入って間もない一五九四（文禄三）年に架けられた隅田川最初の橋だ。約七十年後に二番目の橋である両国橋が架設されるまでは、この橋しかなかったため単に「大橋」と呼ばれていた。現在の橋の名盤も、こうした歴史の名残なのかもしれない。

橋のたもとの雑草の中に「八紘一宇」の石碑がぽつんと立っていた。陸軍大将林銑十郎書と記されている。日本が太平洋戦争に突入する直前の一九四〇（昭和十五）年の建立だ。当時は日本各地に、大東亜共栄圏建設の標語ともいえる八紘一宇の碑が建てられたのだろう。

橋を渡って北千住方面に向かう。晴れているので、鉄骨の合間から隅田川と川向こうに林立する高層マンションが見え、気持ちがいい。と言いたいところだが、実は、橋を渡るのが苦手で、周りの景色を見る余裕はない。橋上を歩くうちに、このまま川

鉄骨のアーチが特徴の千住大橋。名盤は「大橋」

に飛び込んでしまうのではないかという強迫観念が生じてきて、不安になるのだ。渡橋恐怖症というほど重症ではないが、橋を渡るとき、歩道の欄干とは反対側、すなわち車道側を歩くようにしている。体重も心もち車道側に掛けるので、体も少し傾いているかもしれない。

僕の名前、大川渉の大川は隅田川の旧名だ。厳密に言うと、江戸時代、吾妻橋より下流を大川と呼んだらしいが、いずれにしても、隅田川をワタルという意味の名前の男が、おどおどしながら渡橋しているのだから情けない。

宿場町の名残

千住大橋を渡ると、右手に中央卸売

市場足立市場が見える。一九四五（昭和二十）年の開場当初は、青果も扱う総合市場だったが、現在は水産物専門の市場になっている。地元では、千住の魚市場と言った方が通りがいいかもしれない。

江戸時代、この足立市場の北側の旧日光街道沿いに「やっちゃ場」と呼ばれた青果市場が設けられ、青物問屋が軒を連ねたという。現在、青物問屋の跡にはマンションや町工場などが建っているが、旧屋号を記した木の看板が、壁や入口わきに掲げられ、江戸を感じさせるちょっとした散歩コースになっている。

旧日光街道にはその昔、青物問屋が軒を連ねた

旧街道を北に進むと、千住宿歴史プチテラスに出る。江戸時代の紙問屋横山家の蔵を移築して開館したギャラリーだ。この日は地元在住のフリーカメラマンが世界各地を回って撮った写真の展覧会が開かれていた。

プチテラスを後にして、さらに北に行くと、北千住駅前の商店街に出る。北千住駅は、ＪＲ、東武、地下鉄二線、つくばエクスプレスなどが乗り入れ、一日の乗降客数が新宿、渋谷に匹敵するぐらい多い。駅前商店街の人出もすごい。

駅前の雑踏を抜けて荒川に向かって歩くと、「かどやの槍かけだんご」と筆文字で

筆文字の看板がフォトジェニックな団子屋

書かれた大きな看板が目に飛び込んでくる。一九五二（昭和二十七）年開業の団子屋だ。元足袋屋だった建物は、明治末の建築だという。甘党ではないので団子の味は分からないが、この店の外観は、なかなかフォトジェニックだ。

この辺りの旧日光街道は、宿場町通りと呼ばれている。東海道品川宿、中山道板橋宿、甲州街道内藤新宿と並ぶ江戸四宿のひとつ千住宿があった所だ。先ほど触れたが、千住宿歴史プチテラスとして使われている蔵は、街道沿いに立つ紙問屋横山家が敷地内に所有していたものだ。横山家の向かい側に、手描き絵馬屋の旧家、吉田家が立つ。

さらに進んで街道が荒川土手にぶつ

かるすぐ手前に名倉医院がある。江戸時代、関東一円に名を知られていた骨接ぎ（接骨院）である。患者が引きも切らず訪れるため、周辺に宿が五軒もあったという。入口は見事な長屋門になっていて、「名倉醫院」と墨書された大きな木の看板が掲げられている。黒沢映画「赤ひげ」の小石川養生所を彷彿《ほうふつ》とさせる、江戸時代の名残をとどめた堂々たる構えだ。今は整形外科の医療法人となっている。

都内屈指の名銭湯

荒川の土手にのぼる。眼下の河原に広がるのは千住新橋緑地。野球場が点在していて、少年野球の試合をしている。子どもたちや応援する両親の歓声が聞こえる。土手から緑地へ降りた。親子連れが釣りをしている。荒川の流れは速いが、魚が釣れるのだろうか。川風が吹き抜ける芝生であおむけに寝転んだ。風が強いので、ちぎれ雲がすいすい流れていく。雲を目で追ううち、歩き疲れたのか、うとうとと眠ってしまった。

目が覚めて、川岸の方を眺めると、初老の男性が凧揚げをしていた。リールと釣り糸を使って西洋風のカイトを揚げているのだが、風の具合がいいのか、鋭角に驚くほど高く昇っている。凧が小さく見える。

のどが渇いた。午後四時を過ぎたので、北千住駅前の路地に行けば、開いている居酒屋が何軒もあるが、その前に銭湯へ行って、足の疲れを取り、汗を洗い流すとしよう。

北千住には、タカラ湯、大黒湯という東京でも有数の素晴らしい銭湯がある。千住元町のタカラ湯は、見事な宮造り千鳥破風の建物がまず目を引く。入り口の上部にある七福神の木彫刻は戦前の作だという。脱衣場に入ると、手入れの行き届いた日本庭園が広がっている。湯上がりに、縁側から四季折々の草木や花、池に泳ぐ錦鯉を眺めるのは風情があっていい。

唐破風造りの屋根が見事な大黒湯

しかし、前回の北千住散歩でタカラ湯に入ったので、きょうは千住寿町の大黒湯へ行く。大黒湯の建物は、タカラ湯よりさらに重厚かつ華麗だ。唐破風造り三重屋根の曲線が美しい。よく見ると、正面の屋根の下に大黒様の彫刻があり、塀の上に大黒様と恵比寿様の像がある。

入り口に「わ」と書かれた板がぶら下がっていた。お湯が沸いた（わ板）というしゃれだ。営業終了の際には「ぬ」の板が掛かる。もちろん、お湯を抜いたという意味である。

脱衣場の天井が圧巻だ。天井の千鳥格子の一枚、一枚に極彩色の花鳥画が描かれている。浴場の壁には定番の富士山が描かれていて、湯気が抜ける天井は高く、桶の音や人の声が反響して気持ちいい。

カランの湯で体を洗って、露天の岩風呂へゆっくり浸かる。ふくらはぎを湯の中でもみほぐしたら「うーっ」と思わず声が出た。歩き疲れが、湯に溶けて消えていくようだ。

湯上がりに、これも定番のコーヒー牛乳を腰に手を当てて飲みたいところだが、ここはぐっと我慢して酒場でビールを飲み干すことにしよう。

「天七」

北千住駅前の飲み屋横丁まで歩き、立ち飲み串かつの「天七」に飛び込んだ。ここは大阪の串かつ屋と同じように、「二度づけ禁止」のソースとキャベツのぶつ切りがカウンターに置かれている。キスの串揚げにソースをたっぷりつけてほおばり、ビールをぐび、ぐびっと飲んだ。カラカラになっていたのどに染みわたる。飲み干してコップをカウンターに置き、ふうっと息をつく。「うめえなあ」。もしかしたら、この瞬間が楽しみで、町歩きをしているのかもしれない。

　さて、ここで酎ハイを一、二杯やって下地ができたら、「大はし」で肉どうふを肴に金宮焼酎のロックをあおるか、それとも日光街道を渡って「酒屋の酒場」で旨い刺身に熱燗で飲《や》るか……。今夜も、序・破・急のはしごになりそうだ。

一代（浅草）

年中無休の家庭的な居酒屋

東京下町の一大観光地、浅草は、庶民派グルメの町でもある。天ぷら、寿司、そば、うなぎ……。ガイド本や雑誌にたびたび登場する名店が軒を並べるが、いずれも単品料理をウリにしており、居酒屋は意外に少ない。雷門のすぐ近くにあるこの店は、どこにでもありそうな居酒屋だが、それ故にかえって浅草では貴重な存在になっている。

名物は、牛すじ串煮。牛のすじ肉を水から煮て沸騰させる。これを三回繰り返したあと、手ごろな大きさに切って串に刺し、味付けしてさらにコトコト二時間煮込んでできあがり。皿に盛るとき加える白髪ネギが、風味を引き立てる。

「一日か二日、鍋で寝かせるとさらにおいしくなりますよ」。店を取り仕切る大原幸子さんが説明する。関西出身の客は硬いものを好み、関東出身の客はトロトロに軟らかく煮たのを喜ぶという。

大根キムチもお薦めだ。新鮮なニラやニンニク、アミなどを漬け込んだ自家製の逸品。日によって発酵度が変わり、酸っぱさも異なるので、店に来るたびに違う味が楽しめる。エノキバターは、炒め物ではなく、バター味のスープにエノキがどっさり入って出てくる。

約二十八年前、幸子さんの亡兄が始めた。引き継いだ幸子さんは年中無休、毎日夕方五時頃から十二時ごろまでカウンターの中に立ち、一人で客をさばいている。「男が店をやると、自分が飲んでしまうから、女のようには続かないの……」

常連が多いが、初めて入った客もすぐに店に溶け込むことができる。どういうわけか、出張や旅行の帰りにふらっと立ち寄る人が多い。写真撮影に訪れた夜も、北海道からの出張帰りの女性が来店した。みやげのバウムクーヘンを幸子さんに渡すと、早速切り分けて、カウンターを埋めた客たちに配った。こんな家庭的な雰囲気が、一番の魅力なのかもしれない。

（二〇〇五年九月）

さらに足をのばして⑰

割烹　十味小野屋（浅草）

日本料理の美味を追求

商品を図案化した風流な袖看板が店先に掲げられ、道の両側に地口行灯《じぐちあんどん》が並ぶ。浅草の伝法院通りは、江戸時代の街並みを再現した、粋な商店街だ。屋根に鼠小僧の人形が置かれていたり、「下馬」と書かれた車両通行止めの立て札があったりして、ユーモアにあふれている。

この通りに来るとよく立ち寄るのが、古書の「地球堂」。下町に関する書籍が充実し、店頭で菓子を売っているのが面白い。古本探索の後は、隣にあるこの店で一杯やるのが定番だ。

「肴を見繕ってください」と注文すると、マグロ、ウニ、鯛、平目、鯵、タコの刺身盛り合わせと岩牡蠣が出た。刺身はどれも新鮮。平目はコリコリした歯ごたえ、ウニは何とも言えぬ甘みがある。

肉厚の岩牡蠣に、レモンをきゅっと搾って食べる。海のミルクとも言われるエキス

が口に広がり、磯の香り、滋味に陶然となる。新潟銘酒や米、麦、芋の焼酎など酒類も豊富。旨い肴に杯もすすむ。

　主人の小野利彦さんは、虎ノ門や日本橋などの日本料理店で修業した後、バブルの余塵くすぶる十四年前に独立し、店を構えた。

「日本料理のおいしさを追求しています。キンキの煮付け、旬の野菜の煮物もぜひ召し上がっていただきたい」

　店名の十味は「とみ」と読む。様々な創作料理も出すという意味を込めたという。

「これまで何とかやってこれたのはお客さまのおかげ、それから女房のおかげ……」と小野さんは照れながら言う。店を一緒に切り盛りしてきた愛妻の名前も「とみ」である。

（二〇〇七年十月）

さらに足をのばして⑱

三四郎（錦糸町）

歓楽街にある正統派の下町酒場

人も居酒屋も第一印象が大切だ。ＪＲＡ場外馬券売り場（ウインズ）裏の歓楽街。どこか猥雑な感じのする一角だが、店の暖簾をくぐって中に入ると風景が一変する。中央に白木の大きなカウンター、壁には品書きの黒い短冊がずらり。カウンターの内側に着物姿の美人おかみ棚橋ケイコさんが立ち、笑顔で「いらっしゃいませ」……。この第一印象は、間違いなく呑んべえを魅了するはずだ。

一九五一（昭和二十六）年創業。錦糸町駅前にあった白木屋デパートの一角で営業していたが、デパートがなくなり現在地に移ったという。鰻を串に巻いて焼いた、くりから焼き、レバフライ、どぜう汁がお薦め。いずれも肝臓の滋養になりそうで酒好きにはうれしい。ほかにも、もつ焼き、まぐろ中おち、五色いもなど美味な肴が並ぶ。五色いもは、とろろ芋の上にマグロ、イクラ、タコ、イカ、玉子、キュウリなど色とりどりの食材が載った逸品。日本酒にぴったりだ。

墨田、葛飾、江戸川区の居酒屋では、酎ハイをハイボールと呼ぶ場合が多い。この店もご多分に漏れず、焼酎に褐色の梅エキス「天羽の梅」を加えた昔ながらのハイボールを出していた。もちろん、人気ナンバーワンの飲み物である。

大おかみの棚橋キク子さんは、めでたく米寿（八十八歳）を迎えたが、毎日、店に出て伝票付けや洗い場で汗を流している。ウインズに近い場所柄ゆえ、土曜日は競馬開催に合わせ午後零時半から六時までの営業。客は競馬中継を見ながら一杯やる。

キク子さんも大の競馬ファンで、自分の馬券を買いに行くついでに客の馬券購入を請け負うこともしばしばだとか。ウインズのスタッフにも「三四郎のおばあちゃん」と顔を覚えられているという。笑顔でハツラツ。キク子さんを見ているだけで、こちらも元気がわいてくる。

（二〇〇五年十二月）

千両（北千住）
地元魚河岸の旬を味わう

昭和五十年の創業時から値段を据え置いている名物がある。まぐろの上中落《なか》ち、葱とろの二品だ。いずれも三百五十円。美味で、小鉢にたっぷり盛られており、食べ応えもある。これを肴に、酒の大徳利あるいはビールの大瓶を飲み、付きだしを加えても千円で釣りがくる。店名は千両（円）で飲める大衆的な店、という意味だという。
「元々は『魚八』という明治時代から続く魚屋だったんです」とおかみの池之内君枝さん（82）。ご主人が亡くなり、魚介類を大量仕入れする魚屋の営業が難しくなったことが、居酒屋転業の直接のきっかけになった。
「魚屋は冬でも葦簀張りで寒風が吹き込み、そりゃ寒くてねえ。それで、戸を閉めて営業できる居酒屋になったんですよ」と笑う。君枝さんは八十歳を超える高齢ながら、いまも次男の康男さんと一緒に厨房に立ち、包丁で魚をさばく。大黒柱、いや、お母さんとして店をしっかり支えている。

北千住かいわいには、魚が旨い店が多い。築地と並ぶ魚河岸、東京都中央卸売市場足立市場があるからだ。

この店は毎日二回、市場へ行く。朝、メーンの魚介類を買い付け、午後、まぐろのカマや中落ちを仕入れるという。午後五時の開店から、ひっきりなしにやって来る客は、白板に書かれたその日のお薦めを見て、新鮮な魚を次々と注文する。

お薦めの関あじを頼んだ。どーんと一匹、皿に盛られて出てきた刺身は、肉厚で新鮮なせいかコリコリした食感がある。サバ並みの大きさがあるので、二、三人で食べても充分満足だ。

刺身だけでなく、揚げ物や焼き物も充実。一匹丸ごと使ったワタリカニ唐揚は、自慢の特製タレが旨みを増幅。まぐろのカマ焼きは口の中にじわっと脂が広がり、酒もすすむ。これだけ新鮮な魚が低価格で楽しめる店は、そうざらにはない。まさに大衆酒場の〝千両〟役者である。

（二〇〇六年八月）

ときわ食堂（町屋）

壁埋め尽くすおかずの短冊

夕暮れどき、大衆食堂の暖簾をくぐり、ごはんのおかずを肴に一杯やるのは気分がいい。何と言っても魅力は、食堂ならではの品書きの豊富さだ。京成線町屋駅に近い、創業三十八年のこの老舗も、壁を埋め尽くしたおかずの短冊の数にまず圧倒される。「はっきりとは分からないんですが、二百種類はあるでしょうか」と主人の小山克彦さん（53）は言う。

刺身、焼き魚、天ぷら、おでん、フライ、ハンバーグ、しょうが焼き……。品書きを見ているだけで、目がクラッとする。注文がなかなか決まらないので「店の名物、お薦めは何？」と助けを求めたら、「とくに名物っていうのはないんですよ。皆さん、懐具合に合わせて好きなものを頼み、飲んでますから……」

迷った末、牛すじ大根とこちの天ぷらを頼んだ。牛すじのエキスがたっぷり染みこんだ大根は絶品。こちも肉厚で、揚げたてはホクホクしてたまらない。

朝から昼までは定食の客が中心だが、夕方以降は、ほとんどの客が酒を頼み、店は居酒屋の様相になる。それでも、定食のおかずだけを先に出してもらって飲み、最後にごはんと味噌汁で締めるなど、普通の居酒屋にはない大衆食堂特有の飲み方をしている人もいるのが面白い。

客応対の素晴らしさが、もうひとつの魅力だ。おしぼりは、ポリ袋入りの業者製ではなく、固く絞ったハンドタオルである。手をぬぐうだけでなくコースターにもなり、重宝する。

注文をとるのは、美人おかみの成子さんと二人の若い女の子。いずれも、最近では珍しい丁寧な話し方だ。丁寧といっても、某ハンバーガーショップや某々コンビニの店員のような気持ちのこもらない〝マニュアルしゃべり〟ではない。

たら鍋を頼んだら、運んできた成子さんが「熱いので気をつけてくださいね」。このさりげない気遣いがうれしい。

（二〇〇七年二月）

さらに足をのばして㉑

味和居割烹　たむら（入谷）

風情ある通りに白木の引戸

「恐れ入谷の鬼子母神」。蜀山人の洒落《しゃれ》で知られる下町は七月になると、朝顔市でにぎわう。鬼子母神境内を中心に約百軒の露店が並び、赤、青、紫と色とりどりの朝顔の鉢が鈴なりに。三日間の人出は六十万人にもなる。

朝顔の町の中心を貫くのが金美館通り。大正時代末から約四十年間あった映画館「入谷金美館」が名の由来だ。

戦災を免れた木造建築の古い酒屋や和菓子屋が点在し、かつて遊里吉原に通う道だった風情が残る。通り沿いのこの店も、白木の引戸が何ともいい雰囲気を醸し出している。

店に入ってまず驚くのは品数の多さだ。刺身盛合わせ、焼き魚、陶板焼、串焼き、揚げ物、サラダ、寿司……。注文に迷うほどの種類がある。

白い紙にサインペンで手書きした品書きが、いかにも下町風。割烹というと、どこか敷居が高い感じがするものだが、ここは店内の様子も値段も庶民的なのがうれしい。

主人の田村稔さんは将棋好きで、月に一回、仲間を集めて店で将棋会を開いている。夏と冬には、トップ棋士の深浦康市九段が来店し、指導対局をする。

「わたしは、へぼ将棋ですから」と田村さんは謙遜するが、二段クラスの腕前だという。

旬の魚が食通をうならせている。「最近は生の本マグロを仕入れて出しています。シュウマイやレンコン挟み揚げなどの創作料理もぜひ召し上がっていただきたいですね」。もちろん、包丁の腕前は将棋よりずっと高段だ。

（二〇〇七年八月）

さらに足をのばして㉒

和味《なごみ》（谷中）

鶏と野菜の旨さにこだわる

その昔、東京には夕日の名所が数多くあったが、高層ビルの林立で今ではわずかしか残っていない。そのひとつが谷中の階段「夕焼けだんだん」だ。時分どき、ここから赤く染まっていく街並みを眺めると、どこか懐かしい気分になる。

夕焼けだんだんを下ると、「谷中銀座」に出る。風情あるこの商店街に五年前、鶏の旨さを堪能させてくれる店がオープンした。

出すのは生後百八十日の栃木や宮崎の地鶏。ブロイラーは生後四十〜五十日、一般の地鶏でも百〜百二十日だから、飼育期間が格段に長い。

「これぐらい飼った鶏の方が、肉に弾力があって味も深くて旨いんです」と主人の種田和範さん。鶏料理へのこだわりと愛情が伝わってくる。

たたきのづけ、きんかん串など、あまり見かけない逸品があるが、お薦めは、ほろほろだ。コリコリしているが柔らかく、そして甘い。鶏の食道だという。

種田さんは毎日のように築地の場外市場に行き、産直の有機野菜を仕入れてくる。この日は北海道産かぼちゃの刺身が出た。他にも、京都の甘とうがらし焼き、茨城のむかご、などが品書きに載る。

新潟「八海山」産の地ビール、黒龍、麓井、鷹勇と銘酒が揃う。焼酎もショットバーのようにボトルが逆さまにセットされていて、どれを飲むのか迷うほどの種類がある。鶏と相性のいいワインも豊富だ。

「おいしくなれ、おいしくなれと常に思いながら、料理を作り、おもてなしをしています」。種田さんのこの思いが通じたのか、口コミで客層は広がるばかりだ。

（二〇〇八年一月）

ふじ芳（浅草橋）

名物うずら鍋で心も体も温まる

ちょっとした酒の肴でも、心をこめてつくると贅沢な逸品になる。例えば、イカわたの塩辛。この店では予約をもらってから四、五時間かけてつくり、客に出す。煮付けは、大根、厚揚げ、タコ、里芋などをすべて別々に煮て盛りつける。それぞれの具材が持つ味を大切にするためだ。

このもてなしの心が響かないわけがない。一、二階とも常に満席なのもうなずける。

「ふらりと来られたお客さんでも常連になってくださる方がほんとに多いんですよ」

と主人の藤田芳男さんは話す。

藤田さんは新潟県新発田市出身。十八歳で上京し、向島の料亭などで修業した後、二十六年前に店を開いた。同郷のおかみヨシノさんがずっと寄り添い、支えてきた。長男芳広さん、二男周礼《のりゆき》さんも厨房に立つ。

刺し盛りを頼むと、タイ、サヨリ、寒ブリ、〆サバが出た。どれも脂がのり、厳冬の海の味覚が口いっぱいに広がる。

カニそぼろがかかった米なすあんかけ、サケとイクラの親子せいろめし、なども お薦めだが、何と言っても名物はうずら鍋だ。

骨ごとたたき、だんごにしたうずらをネギ、春菊、豆腐などと煮て食べる。肉の旨みが染み出た汁が絶品だ。雑炊で締めると心も体も温まる。評判を呼び、冷蔵パックで全国に配送しているという。

藤田さん夫妻が心がけているのは客の名前を覚えること。帳簿には客の氏名を記し、会話に出てきた名もそっとメモする。「一度来て、二年ぶりにまた来られた方の名前をお呼びしたことがあるんですが、間違っていませんでした」

（二〇〇八年三月）

清淨野菜
八百悦
851-9927
おかず横丁

危ないのはどっち？

「年間六十日から九十日は酒をまったく飲まない日がある」と僕が言うと、大概の人は「ご冗談を」「ウソばっかり」などと言って、ニヤニヤ笑っている。まったく信じてくれないのだ。

無理もない。友人は、いずれも飲み仲間である。会うと、ほとんどの場合、酒場で一杯ということになる。つまり、相手方は、酒を飲んで酔っている僕の姿ばかり記憶に残っているわけだ。

それに、僕が酒場についてのコラムを雑誌に書いたり、本を刊行していることもあり、飲まない日はないだろうと思われているのかもしれない。

僕はメモ魔なので、日記代わりに使っている手帳には、毎日の飲酒の記録も残している。手帳の冒頭にある年間計画表で、△が付いている日は、酒を飲まなかった日だ。なぜ○でもなく×でもなく△を記すようになったか忘れたが、もう二十年近い習慣になっている。いま手元にある手帳を開いて、数えてみると、ことしに入って禁酒した日は計七十五日にのぼっている。年末までには、九十日近くなるだろう。

飲んだときには、手帳の各日の欄に、飲んだ量や酒の種類を略号で記している。例えば「缶1、泡2、ホ3」と書けば、缶ビール一本と泡盛を二杯、ホッピー三杯を飲んだという意味だ。

ページをめくってみると、六月某日には、友人と横浜で未明まで痛飲していることが分かる。その時の酒量は「中1、2合、チュー4、W4」となっている。つまり、最初の刺身の店でビールを中瓶一本、酒二合飲んだ後、居酒屋に行って焼酎お湯割り四杯、さらに山下公園近くのバーでウイスキーを四杯飲んだという計算だ（ちなみに記号のWはウイスキーで、バーボンならBだ）。

先ほども言ったように、二十年近く、こうした個人的な記録を取っているので、もし僕が肝硬変にでもなったら貴重な医学的資料になるのではないか、と冗談ながら半ば本気で思っている。

なぜ、酒飲みのくせに、こんなに飲まない日も多いのか。家人は「禁酒する日の半分は、ひどい二日酔いで飲めないんですよ」という。半分というのは大げさにしても、確かに僕は二日酔いがひどいので、飲みたくないということも間々ある。しかし、いちばんの理由は「飲みだしたら、ある水準まで酔わないと気が済まない」ということにある。

夕食のときに、缶ビール一、二本だけで済ますという飲み方ができないのである。例えば、家でビールを飲み出すと、次に焼酎のお湯割りか泡盛を飲みたくなり、締めにシングルモルト、というようにすすみたい。缶ビール一本だけでやめるのなら気持ち悪くて、まったく飲まない方がよほどスッキリする。

僕の酒友諸君は、まったくといっていいほど禁酒日など設けていないようだ。平岡海人と飲んだときも「僕は飲まない日はない」と話していた。つい、先日、田端で飲んだ酒友の梅さんも「二年以上、抜いたことないなあ」とつぶやいていた。

平岡海人も梅さんも一日の飲む量の上限を決めているようだ。先日聞いたところ、梅さんは自宅では、缶ビール一本とウイスキーを三、四杯ほどを定量にしているという。酒飲みには、毎日飲む、こうしたタイプの方が多いのではないのだろうか。

では、毎日飲む人と、飲むときは徹底的に飲むが飲まない日も多いという人とどちらがアルコール依存症になる可能性が高いのだろうか。

単純に考えると、毎日、酒を切らさず飲んでいる方が危ないような気がする。僕も最近までそう思っていたのだが、どうも、医学関係の本を読むと僕のような飲み方のほうが依存症になりやすいようなのである。

飲み出すとなかなか止まらないというのは、すなわち、酒という薬物を摂って脳が麻痺することを求めているのにほかならない。だから、僕のような飲み方の場合は、毎日飲むようになると「バラ抜きの酒の日々」になって一気に転落しかねない。だから、それを本能のセンサーが感知して禁酒する日が多いのかもしれない。

（二〇〇一年十一月）

第四章　坂の上も下も

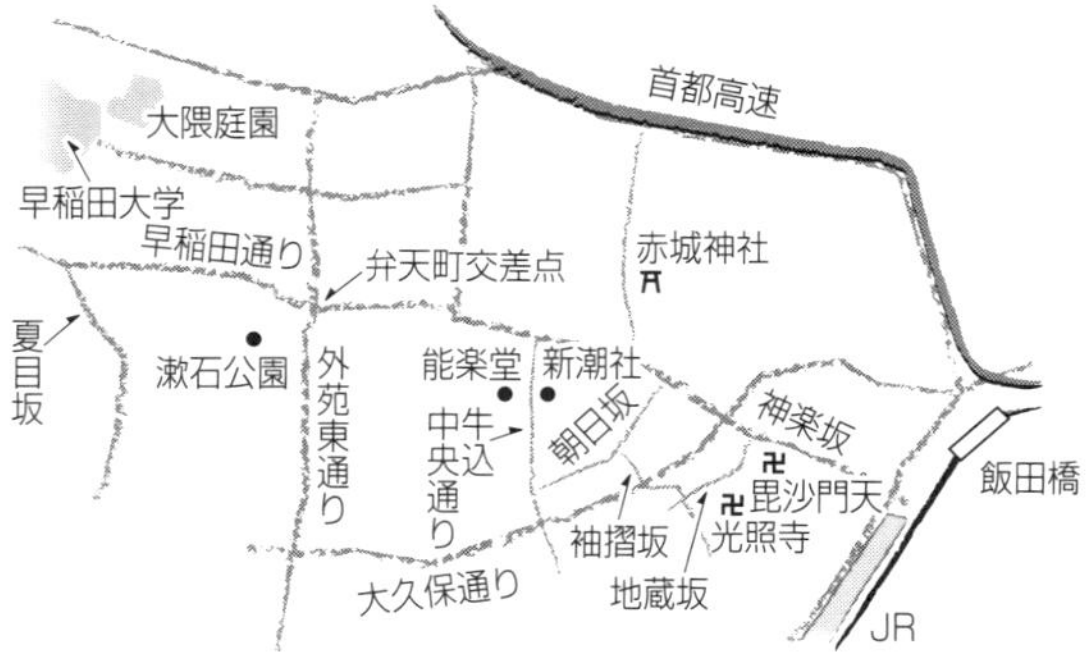
首都高速
大隈庭園
早稲田大学
早稲田通り
弁天町交差点
赤城神社
夏目坂
漱石公園
外苑東通り
能楽堂
新潮社
中央通り
牛込
朝日坂
神楽坂
毘沙門天
光照寺
袖摺坂
地蔵坂
飯田橋
大久保通り
JR

文豪の足跡たどる　神楽坂から早稲田へ

昼すぎ、ＪＲ飯田橋駅の改札口を出て神楽坂に向かった。とりあえず、坂の途中にある店に立ち寄り、昼食をとってから、ゆっくり町歩きをしようと思う。

外堀通りを渡り、神楽坂に入ってすぐ右手に不二家の飯田橋神楽坂店がある。この店でしか売っていないというのが、ペコちゃん焼き。今川焼きやたい焼きと同じように、小麦粉、卵、水などを混ぜた生地をペコちゃんの型に流し、あんこやカスタードクリームなどを詰めて焼いたものだ。元々、甘いものが好きではないし、いい年をしたオヤジが、女の子の顔形をしたスイーツを食べながら歩くわけにもいかないので、先に進もう。

すぐ近くに、甘味喫茶の有名店「紀の善」がある。釜飯のランチも出るが、あんみつやぜんざいを食べ、ぺちゃくちゃしゃべっている女性たちの中で、ひとり食べる勇気はない。さらに、坂を上りながら左右を見回すが、ラーメン屋やハンバーガーショップばかりが目につき、なかなか決まらない。どうしたものかと思っていたら、ひらめいた。「五十番」で肉まんを買って毘沙門天で食べるのが、いかにも神楽坂らしくていいいんじゃないか。

生き字引の翁と遭遇

さっそく、坂のちょうど中間辺りにある中華料理店「五十番」へ行く。通りに面した持ち帰り用の売店で、肉まんを買った。厚みのある皮の中に、ずっしりと肉のあんが入っている。一個で十分、昼食代わりになる大きさだ。

通りを渡って、向かい側にある毘沙門天、善國寺の境内に入った。まずは本堂にお参りし、石段を降りたとき、高齢の男性と目があった。白髪の老翁は「これが、きょう最後の説明書きです」と言って、周辺の地図と神楽坂の歴史を記した紙を差し出した。毘沙門天に来る観光客らに配っているようだ。

地図には、神社仏閣のほか、尾崎紅葉旧居跡、芸者新道、かくれんぼ横丁など、あまり知られていないスポットが表示されていて、手書きの文字で短く説明が記されている。「家に当時の大家、鳥居さんが住んでいる」（尾崎紅葉旧居跡）、「旗本九〇〇〇石本多屋敷跡」（芸者新道）、「五つ子ちゃん祖父母の家　料亭魚徳」（かくれんぼ横丁）といった具合だ。神楽坂は花街として知られているが、芸者屋の見番の説明には「花柳界の全盛期昭和12、3年」と書かれていた。

現在の地図のほかに、江戸開府前の「中世の江戸湊」や江戸時代の「江戸切絵図」も載っていて、今昔を対比できるようになっている。神楽坂の歴史をまとめた紙には、中世から現代までの主な出来事や北条早雲、太田道灌らゆかりの人物のことが記されている。

「これから神楽坂周辺を歩こうと思っていたので、助かります。この地図と説明書きは、すべて手作りですか？」

「はい、そうです。毎日、ここで神楽坂のガイドをしているんですよ。もう四十年になりますか……」

この奇特なお年寄りは、水野政雄さん。地元有志でつくる「神楽坂まちづくりの会」の会長をしているという。随分、高齢にみえるので、失礼ながら年齢を聞いてみた。

「大正八年一月一日生まれです」

「えっ、すると、九十歳をとうに超えていますよね」。驚いて、思わず声がうわずってしまった。

「生まれたのもここ神楽坂で、今も住んでいます」

いやあ、凄い。まさに神楽坂の生き字引だ。とりあえず、ご教示願おう。

「周辺でまず、どこを見に行けばいいでしょうか？」

「そうですねえ。昔、この辺りを治めていた牛込氏の居城、牛込城の本丸跡が光照寺にあるので、ぜひ見てください」

僕が礼を言うと、水野さんはかばんから取り出したハンチングをかぶり、毘沙門天の門を出て帰っていった。とても九十歳を超えているとは思えない、しっかりした足取りだった。

神楽坂のランドマーク毘沙門天

もらった地図を見ると、光照寺は、毘沙門天のすぐ先を左折して地蔵坂を上り、百メートルほど行った所にある。先ほど買った肉まんを食べながら、向かった。

地蔵坂を上ると、黄色い壁の家の前に「手焼き煎餅　神楽坂地蔵屋」の看板が出ていた。ごく普通の民家のようだが、せんべいを売っているらしい。玄関脇の木のフェンスで囲ったガレージのような場所に棚があり、袋に入ったせんべいが並べられている。誰もいないので「すいません」と声をかけると、奥の方から眼鏡をかけた品の良いおばあさんが「いらっしゃいませ」と言いながら、出てきた。

棚には、醬油煎餅、ざらめ煎餅などもあるが、僕は、素焼き煎餅に目がとまった。「堅焼き」と「やや堅焼き」の二種類ある。珍しいので袋を手に取って見ていると、「おひとつどうぞ」と、試食用を出してくれた。食べてみると、素朴だが、口の中に旨みが広がる。ふだん食べているせんべいとは食感、味とも随分違う。

「このせんべいには、塩もかかっていないんですか？」

「はい、そうです。最近は、せんべいの生地に旨み調味料を大量に入れるところが多いのですが、うちのは、天然無添加です」

おばあさんは、ある老夫婦から生地を仕入れているという。そこでは杵で搗《つ》いたうるち米を型抜きし、天日で干して生地をつくっているのだそうだ。その生地を備長炭を使って一枚、一枚、手焼きしてできたのが、この煎餅である。僕は「これこそ、昔ながらの手づくり品だな」と感心して、堅焼きの素焼き煎餅を一袋買った。

光照寺は、その神楽坂地蔵屋からすぐの所にあった。門前に立つ新宿区教育委員会の説明板によると、牛込氏は北条氏の家臣で、十六世紀半ば、赤坂、桜田、日比谷付近まで領有したが、天正十八（一五九〇）北条氏滅亡後は家康に従い、城は取り壊されたという。境内には石垣や城門など牛込城の名残は何もないが、周辺を見渡せる高台に位置するので、城を築くには格好の場所だということは実感できた。

色川武大の「生家へ」

神楽坂とは反対方向の坂を下って大久保通りに出た。通りの反対側に、幅の狭い石段がある。行き交う人の袖が摺れ合ったということから名付けられた袖摺坂だ。坂を上って近くの路地に入ると、尾崎紅葉旧居跡の説明版があった。紅葉が明治三十六（一九〇三）年、三十五歳で胃がんにより死去するまでの十二年間暮らした家があった場所だ。紅葉は二階を書斎と応接間にし、「金色夜叉」などの代表作を執筆した。一階には弟子の泉鏡花が玄関番として一時、住んでいたという。

神楽坂周辺には路地と坂が多い。紅葉の旧居跡から早稲田通りへ抜ける道も朝日坂と呼ばれている。途中の路地に芸術倶楽部跡・島村抱月終焉の地の説明板が立っている。演出家抱月と女優松井須磨子が結成した芸術座の活動拠点、芸術倶楽部があった所だ。

トルストイの小説をもとに抱月が舞台化した「復活」が評判となり、劇中、須磨子が歌う「カチューシャの唄」もヒットしたが、抱月は一九一八（大正七）年、猛威をふるったスペイン風邪（インフルエンザ）で急逝。須磨子も二カ月後に、後を追って自殺した。この抱月・須磨子の悲話は、映画や芝居で度々取り上げられているので、

赤城神社の狛犬は現代アート風

よくご存じだろう。

早稲田通りを渡って坂を上ると、赤城神社に着く。久しぶりに訪れたが、まったく景観が変わっていたので驚いた。拝殿前には、ちゃんと注連縄と賽銭箱があるのだが、建物のイメージは今風のカフェかレストランに近い。狛犬も現代アートのオブジェに見える。境内には石板が敷き詰められ、木立を挟んですぐわきに瀟洒なマンションが建っている。

赤城神社が老朽化した本殿や拝殿を全面的に建て替える際、敷地内に定期借地権付きの分譲マンションを建設したのだという。建築家の隈研吾氏がデザイン監修を担当。神社に元々あったクスノキ、ケヤキ、イチョウなどの樹木は伐採せずにマンションの植木として利用している。神社の再建をマンション建設と組み合わせたケースは、珍しいのではないだろうか。

赤城神社を出て、早稲田通りを西へ進むと、矢来町。新潮社があるので知られる町だ。作家のエッセイを読むと、新潮社を指して「矢来町」と書いていることもよくある。畏敬する色川武大の生家は新潮社の近くにあったようで、小説の題材として度々、登場する。

〈数日前、ある文学賞のパーティの席で、大手出版社の一族の人が、そばに寄ってきて、

「弟さんはお元気ですか」

と突然訊かれた。私は知らなかったが、その人は私の弟と小学校で同級だったという。私はその出版社と同じ町内で生まれ育ち、そういえば、私の生家の近辺に、その出版社の社主の一族の人の家が点々とあった〉

これは、色川の「花のさかりは地下道で」という小説の冒頭部分だが、〈大手出版社〉が新潮社であるのは言うまでもない。

その名もずばり「生家へ」という作品には次のようなくだりがある。

〈私は三十八歳になるまで、ひとつ家に、ひとつ土地に居たことになる。日本人というようないいかたは、身体に訊いてみてぴんとした反応が返ってこないけれど、牛込の矢来町＊（原文中には数字）という名称は、私にとって特別な響きを持っている〉

色川武大の生家があった所を訪ねてみようと思った。地図で見ると、確かに新潮社の近くだ。「生家へ」には、生まれ育った家は壊され、同じ敷地に両親と弟夫婦の新

しい家が建ったと書かれている。新築とはいっても、この小説が出版されたのは一九七九（昭和五十四）年だから三十年以上前になる。建て替えた家も残っていないかもしれないが、とにかく行ってみよう。

「生家へ」に記された番地の辺りを歩いてみたが、新しいアパートや駐車場があるだけで、それらしき家はない。路地を行ったり来たりしていたら、三階建てのマンションのような建物の玄関ドアのわきに「色川」の表札があるのを見つけた。おそらく、ここが生家のあった場所で、今は縁戚の方が住んでおられるのだろう。それだけ確認できると、何だかほっとして、牛込中央通りを渡って能楽堂の方へ行った。

しばらく路地を歩いていると、真新しいアパートのわきに立つ「泉鏡花旧居跡」の説明板が目に入った。それによると、鏡花が一八九九（明治三十二）年から四年間住んでいた所で、代表作の「湯島詣」「高野聖」をここで書いたという。

漱石終焉の地

再び早稲田通りを歩くと、弁天町の交差点の近くに見事な看板を掲げた魚屋があった。「肴屋　鮮魚　三四郎」と黒い大きな板に白い筆文字で書かれている。「初代享保八年　創業280年　十八代河合三四郎」の文字もある。随分、由緒ある店だ。町場の魚屋で十八代も続いているというのは、あまり聞いたことがない。

天気がいいので、汗ばみ、のども渇いてきた。早くも今夜の〝飲み〟のことが頭に浮かんでくる。さて、町歩きを終えたらどこへ行こうか。

大学生のころ、早稲田かいわいで一番良く行った飲み屋は、高田馬場駅裏のさかえ通りにある「清龍」だ。とにかく、値段の安い店だった。ただでさえ金のない学生同士で飲むのだから、注文する肴は、もつ煮込みとお新香、焼き鳥ぐらい。後は、ひたすらビール、酒を頼んで飲みまくった。そう言えば、あのころ、つまり三十年ほど前には、あまり焼酎は飲まなかったように思う。瓶ビールを何本か飲んだ後は、日本酒に切り替えたのだが、当時の酒はお世辞にも旨いとは言えなかった。アルコールや糖類などを添加した三倍増醸で、翌朝にならなくても、飲んでいる途中から頭が痛くなるような安酒だった。

先日、御徒町駅前の「清龍」にふらりと入ってみたら、大吟醸や純米原酒なども置いてあり、刺身は新鮮で、いろんなサラダやステーキもあって驚いた。学生時代の安酒場のイメージとはまるで違う店になっていたからだ。高田馬場の「清龍」も同じような店に変身しているのだろうか……。

そんな飲み屋のことを考えながら、弁天町交差点を左折し、早稲田通りの南側を並行して走る道を西へ進む。右手に夏目漱石の胸像が見えた。漱石公園だ。ここに、四十九歳で亡くなるまでの晩年の十年間暮らした家「漱石山房」があった。

五、六年前に訪れた時は、寂れた公園でホームレスが住むブルーシートのテントもあったような記憶があるが、いまは「漱石終焉の地」を記念する場所として整備されている。「漱石山房の記憶」と題した説明板には、漱石が暮らしていたころの書斎の写真や家の見取り図が載っていた。それほど大きな家ではなかったみたいだ。公園内の建物「道草庵」には、漱石山房で書かれた「三四郎」「それから」「門」「こころ」などの美しい装幀の復刻本が飾られていた。

「漱石終焉の地」にある胸像

公園の先にある早稲田小学校と牛込二中の間の道を南下すると、喜久井町の夏目坂に出る。漱石の父親、夏目小兵衛直克は、町方名主で周辺十一カ町を治めていた。喜久井町は、夏目家の家紋「井桁に菊」にちなんで名付けたという。もちろん、夏目坂も命名した。

夏目坂が早稲田通りとぶつかる手前に「夏目漱石誕生之地」の石碑が立っている。学生時代にこのあたりも通ったはずだが、こんなものがあるのは知らなかった。すぐ隣は牛丼の吉野家だ。石碑の前で「牛鍋丼　並盛２８０円」と書かれたのぼりが風に揺れていた。学生たちが牛丼を食っているカウンターの辺りに、その昔、赤ん坊の漱石がいたのかもしれない、と思うと面白い。

馬場下町の交差点を右折すると早稲田大学の正門に出るが、学生のころのさぼり癖がよみがえり、きょうも大学には近寄らない。穴八幡宮にお参りして、そのまま早稲田通りを進み、高田馬場へ向かった。

早稲田は、神田神保町と並ぶ古本の町。高田馬場口にかけて古書店が並んでいる。その中の一店、飯島書店に入り、海野弘『私の東京風景』(右文書院)を手にとってページを繰ると、「漱石の都市、三四郎の都市」という一文があり、あまりのタイミングの良さに驚いた。

海野氏は、「三四郎」に出てくる画工《えかき》の原口のモデルは橋口五葉ではないかと推察している。五葉は漱石と親しく、『ホトトギス』に連載した「吾輩は猫である」の挿絵を描き、「猫」を含む数々の本の装幀もした。後に、五葉は「漱石山房」の題字が入った原稿用紙もデザインしたという。先ほど、「道草庵」で見た本の装幀の多くは、五葉の手になるものだったのだ。

「江戸一」

早稲田通りの馬場口に着いて、ふと気づいた。このまま直進して、久しぶりに「清龍」に行くつもりだったが、明治通りを北に少し歩けば、都電荒川線の学習院下が近いことを思い出したのだ。よし、予定変更。路面電車に乗って大塚に出て「江戸一」で一杯やることにしよう。「江戸一」は、大塚出身の酒仙詩人田村隆一が半世紀以上通い、エッセイでも再三取り上げている名店だ。

路面電車に乗って十分ほどで大塚に着いた。駅前にある「江戸一」の引き戸を開けて中に入る。まず入り口のわきにある棚に上着と鞄を置き身軽になると、おかみの「お一人ですか？　こちらへどうぞ」の声に従い、コの字型カウンターの席に座る。すぐに、割り箸と猪口、お通しが載った木彫の盆が目の前に出され、飲みものを聞かれる。一連の流れが滑らかで気分がいい。

この店では、僕はいつも、最初は新潟の鶴の友の純米酒を常温で飲み、二本目から白鷹のぬる燗に代える。きょうも、この飲《や》り方でいこう。肴は、しめ鯖にした。

一本目の鶴の友がなくなりかけたころ、二十数席のカウンターが満員になった。ずらりと座った客を見て、よく行く町屋や立石、四つ木辺りの居酒屋の客とは服装が随分違うのに気づいた。下町酒場では、ノーネクタイは当然だが、ジャケットを着ている人もまずいない。ほとんどがジャンパー姿で、野球帽《キャップ》をかぶっている人も多い。

「江戸一」の客の中には、スーツにネクタイのサラリーマンもいるし、リタイアしたとおぼしき初老の男性たちも、ネクタイを締めてはいないが、ブレザーやスーツ姿が多い。野球帽の客はいない。混む時間帯も違う。「江戸一」は七時すぎに満員になり、席が空くのを待つ客も現れるが、下町酒場、例えば四つ木の「ゑびす」などは、七時になると、客が帰り始めて空席ができるようになる。飲み始める時刻が、そもそも違う。荒川区、葛飾区には朝からやっている居酒屋もあるぐらいだから。

煮こごりを肴に、樽酒の白鷹をちびりちびりと飲んでいたら、ほろ酔いでいい気分になってきた。一人で酒を飲んで、これほど居心地のいい店はめったにないと思う。もちろん、放歌高吟している人はいないが、かといって、しーんと静まり返っているわけでもない。二、三人で来ている客は結構、話が弾んでいるし、僕のような一人酒の客もおかみやおねえさんたちとしゃべったりするので店内に声が充満している。それが、うるさくなく、耳に心地よいのは、天井が高く、コの字のカウンターの一辺同士の距離が適度に開いているからだろう。

僕の隣に、七十代後半ぐらいの老人が二人で、泰然と飲んでいた。勘定をして帰り際、一人が「俺たち、海軍に行ってたんだよ」とおかみに話しかけていた。ことしは戦後六十六年。えっ、すると、八十歳をとうに超えているのではないか。その年齢《とし》で、酒友と二人、なじみの居酒屋で飲めるなんてうらやましい限りだ。こうした光景が見られるのも、「江戸一」ならでは、という気がしている。

さらに足をのばして㉔

いちこう（神保町）

半世紀以上守るおでんのだし

この店の主人水村利彦さん（62）と妻の美鈴さん（57）は最近まで二泊三日以上の旅行には行けなかった。先代である水村さんの父親が一九五一（昭和二十六）年に始めた名物のおでん。毎日、昆布と煮干しでとっただしをつぎ足しながら半世紀以上、受け継いできたが、その宝物の液体が冷蔵庫に保存しても三日以上経つと駄目になるからだ。正月休みも三日になると火を入れて一度沸騰させ、冷まして再び冷蔵しなくてはいけない。

お盆休みには、取引先の築地の仲卸店にだしを持っていくようになった。鮪をマイナス八〇度で保存する冷凍庫に入れて、ガチガチに凍らせると傷まないからだ。「だから、夏には十五日ほど休んで旅行に行きます。元々、夏場はおでんがあまり売れないですしね」と水村さん。それにしても、暖簾を守る苦労は並大抵ではないと思う。

おでん種は、大根、ちくわ、コンニャクなどの定番から、ロールキャベツ、飯《いい》だこ、

ぎょうざ巻きなど変わりモノまで多種多彩。いずれも大皿に自慢の出汁をたっぷり入れて出される。昆布が効いた、澄んだだしだけでも熱燗がすすむ。麦焼酎をこれで割って飲んだらさぞかし旨いのではという妄想が浮かぶ。焼酎のダシ割りか……。

新鮮な魚介類も魅力だ。この日は、長崎産の鯖を酢にくぐらせたレアな〆鯖、江戸前で獲れた皮はぎの刺身を頼んだ。皮はぎは鮮度がいいので生の肝もつく。醬油に肝を溶いて、薄切りの刺身を食べると何とも滋味があって旨い。酒もすすむ。

以前は場所柄、明治大、中央大の学生もよく来たが、今はサラリーマン、それも中高年が客の主流だ。「たまに若い人が来ても、周りを気にせずコンパと同じように騒ぐので、嫌がるお客さんもいますね」と水村さん。「昔は年輩の方が若い人を連れていらして、飲み方を教えたんですけどねえ……」。酒友の皆さん、居酒屋作法伝授のため、若い部下や後輩を連れて、一度、この老舗おでん屋を訪れてみてはいかがですか？

（二〇〇六年一月）

けむり（神田須田町）

燻製料理で楽しむワイン

神田駅と秋葉原駅のちょうど中間辺り。かつて連雀町と呼ばれたかいわいは、奇跡的に戦災を免れ、幕末や明治から続く老舗が軒を並べる。あんこう鍋のいせ源、鳥すきのぼたん、蕎麦のまつや、かんだやぶそば……。いずれも、文化財ともいえる重厚な木造建築だ。

このレトロな町の一角に四年前、新しい店ができた。古民家の外観はそのままに、内装を変えただけなので、周りの風景に溶け込んでいる。それこそ、明治から営業しているようにも見えるから面白い。

店名からも分かるように燻製料理がメーン。ベーコンやチーズ、鴨、サーモンなどの定番だけでなく、穴子、タクアン、オリーブの実、餅までスモークして出す。すべて自家製スモーカーを使い、香り高い桜のチップで燻製にする。塩、コショウも燻《いぶ》して使うというこだわりようだ。

オーナーの瀬戸口浩幸さんは「気軽に食べられて飽きがこない料理をと考え、燻製を出すことにしました」と話す。

同じように「飽きのこない」洋食も自慢の品。仙台牛一〇〇%のハンバーグやカレー、ハヤシは締めの食事としてはもちろん、酒の肴としても人気だという。

酒類はワインが中心だ。フランスやイタリアのほか、イスラエル、オーストラリアのボトルが揃う。「タクアンの燻製が、不思議とワインに合うんですよ」と瀬戸口さんは言う。

屋根には民家の物干し台が残っていて、ここでテーブルを囲み、星空を見ながら一杯やることもできる。「予約制ですが、当日、雨が降ったら使えないのでご了解ください」

（二〇〇七年十一月）

さらに足をのばして㉖

祇園（本郷）

大皿に盛られる日替わり煮物

刺身や焼き鳥が充実していても、旨い煮物がなくては、魅力的な居酒屋とはいえない。本郷三丁目交差点近くにある、こざっぱりした造りのこの店。カウンターに並ぶ大皿には、菜の花のごま和え、まぐろ角煮、ぼうだら、ハス煮などが盛られている。お番菜で飲むのが好きな人は、これを見ただけでたまらないだろう。「日によって、出す煮物は違うんですよ」。主人の鵜飼博さん（69）が言うと、奥さんの真知子さん（64）は「毎日来られる常連がいらっしゃるので、出すものを変えなくてはいけないんです」と言って笑った。

煮物だけではない。魚介類は、毎朝、築地に出掛けて新鮮なものを仕入れてくる。刺身だけでなく、穴子焼や白子酢、酢でしめた小肌、しめさばなど、手を加えた逸品も並ぶ。仕入れ次第で肴が変わるので、黒い短冊の品書きは毎日、筆で書き替えるという。冬場は要予約でアンコウ鍋を出す。「夏場はハモをやってます」と鵜飼さん。

店名から分かる通り、鵜飼さんは若いころ、京都で板前修業。東京オリンピックのあった一九六四（昭和三十九）年三月に、この店を開いた。店の造りは当時から変わっていない。黒光りした柱が年月を感じさせる。

変わっていないと言えば、酒、ビールは、開業以来ずっと菊正宗とキリンラガーの二種類だけだ。「夫婦二人でやっているので、増やすと手がまわらなくなるから」と鵜飼さん。酒や焼酎の種類の多さをウリにする居酒屋が多い中、質実剛健、かえって新鮮な感じがする。

　場所柄、客には東大の先生方が多い。法学部のあるＯＢ会は、この店で百三十回以上、宴会を開いている。

「泥鰌庵閑話」などの漫画で居酒屋風景を描き続けた滝田ゆうが生前、よく顔を見せたという。下駄履き、着流し姿の酒仙漫画家が、ひとり杯を傾けるのが似合う、渋い居酒屋である。

（二〇〇六年三月）

さらに足をのばして㉗

季節料理　姿（神楽坂）

石畳の路地に粋な酒場

お手々つないで野道を行かなくても、靴は鳴る。

自然石が革靴の底にしっとりと吸いつくせいだろうか。石畳を歩くと、アスファルトと違って靴が歓び、きゅ、きゅっと心地よい音をたてる。

そこが神楽坂の路地とくれば、靴だけでなく、呑んべえの胸も自ずと高鳴ってくる。でも、はやる心を抑え、一杯やる前に汗を流すとしよう。

この粋な花街には昔ながらの銭湯、熱海湯がある。高い天井に響く桶の音を聞きながら、熱めの湯に浸かる。

熱海湯を出て、すぐ並びの「姿」の暖簾をくぐった。割烹着のおかみ、安藤けいさんが注ぐビールをコップに受けて一息にきゅーっと干す。風呂上がりの一杯が染みる。

飲み物を白鷹の冷酒に換え、名物の蓮根まんじゅうを頼む。すりおろした蓮根に、エビ、銀杏、百合根などをあえて蒸し、さらに揚げた逸品だ。吉野葛の餡が、根菜の旨みを引きたてる。

山菜の天ぷら、菜の花のからしあえ、と旬の肴が並ぶ。「もう少したつと、竹の子をお出しします」と安藤さん。板場を仕切るのは安藤さんの甥。関西で修業したという。

東京五輪の翌年、開店した。当初は、東京理科大や法政大の学生が多かった。

彼らは就職すると上司や同僚を連れて来るようになり、結婚した、子どもができた、という報告も欠かさない。「先日、定年になりました、と挨拶に来られて……」。この話も胸に染みるなあ。

（二〇〇七年五月）

さらに足をのばして㉘

愛情小料理　筑前（荒木町）

緑濃い路地に灯るちょうちん

どの街を歩いていても、路地をさがし、もぐり込む癖がある。車や人が行き交う大通りから一歩、狭い路《みち》に入ると、都会の喧噪でささくれ立っていた気分が和らぎ、心安らかになるのだ。心理学者が分析すれば、あるいは、胎内回帰願望だと言うかもしれないが……。

東京で路地が魅力の飲屋街といえば、まず荒木町に指を折る。杉大門通りと車力門通りに挟まれた一角に、段差があったり、曲がりくねったりした、さまざまな路地が交錯する。きちんと区画整理された街にはない、人のぬくもりが感じられる。

そんな路地の一つに足を踏み入れると、「愛情小料理」と書かれたちょうちんが暗がりに浮かびあがっていた。

最初に、おまかせの三品が出る。いずれも、おかみ石津喜代子さんの手づくりだ。「日によって出すものは違うのですが、栄養のバランスを考えています」。自家製さつ

ま揚げが人気の肴。具材の蓮根が大きめに切られており、歯ごたえがあるのが特徴だ。二十年以上毎日かき混ぜたぬか床で漬ける、新香も絶品だ。上質な発酵の旨みが、燗酒にも焼酎にもぴったり合う。炊きたてのご飯に、この新香と納豆で締める常連さんも多いとか。

石津さんは女優を目指して福岡県から上京。故・京塚昌子さんの付き人を務めたのが縁で、京塚さんが銀座に開いた料理店で四年間働いた。「板前さんがすぐに辞めたので、その後は厨房を任されました」。この時の経験が、料理自慢のいまの店につながっている。

（二〇〇七年六月）

甘いようで甘くない　ラムは繊細で奥深い酒

ウイスキー、ブランデー、ジン、ウオッカ……。世界中のいろんな蒸留酒を片っ端から飲んできたが、ラムは、なぜかとっつきにくくて遠ざけてきた。理由は何か。ひとつには、産地があまりにも多くの国や島々に拡散していることが挙げられるだろう。ウオッカならロシア、テキーラならメキシコと、犬が西向きゃ尾は東で、酒と産地はすぐに結びつくが、ラムはカリブ海の島々や中南米諸国をはじめ、ハワイでもつくっている。日本の奄美大島にも黒糖焼酎ではない本格的なラムがあるし、タイに行くと地ウイスキーと称して出てくるメコンという酒もラムの一種だという。サトウキビでつくった酒、という点だけが共通で、味も香りも色も千差万別。どの国のどの銘柄から飲み始めればいいのか、雲をつかむようで戸惑ってしまう。

その昔、カリブを航海した帆船の羅針盤のような、ラムという大海にこぎ出すためのメルクマールはないのだろうか？

旧宗主国ごとに異なる味

「カリブ海の島や中南米諸国のかつての宗主国によって、ラムの味が違うというのを知っているといいかもしれませんね」

約二百種類のラムを置く東京・西麻布のラム専門バー「タフィア」の多東千恵さんは、こうアドバイスする。

大航海時代以降、ヨーロッパの国々は船に乗って世界中の〝未開地〟に行き、現地人を殺戮して次々と植民地にしていったが、カリブ海周辺でも事情は同じだ。ジャマイカ、ガイアナ、バルバドスは英国の植民地だったし、ハイチ、マルティニック島、グアドループ島はフランスの旧植民地。キューバ、プエルト・リコ、ベネズエラはスペイン領だった。

ヨーロッパ人は植民地にしたそれらの島や地域で、サトウキビを原料にラムづくりを始めたが、ポットスチル（蒸留機）は本国から持ち込んだ。英国領ならスコッチウイスキー用のポットスチル、フランス領であればコニャック用のポットスチルで糖蜜をせっせと蒸留していった。それが味や香りにも大きく影響したようだ。

「イギリス領でつくったラムはスコッチのような味と香りに仕上がっているし、フランス領のラムはコニャックのような味わい、スペイン領はシェリーに似た甘みがあります」

ショットグラスに三カ国の旧植民地のラムを注いでもらい、飲んでみた。

旧英国領のラムは、いわゆるボディーがあるというのかヘビーな感じ。旧フランス領のラムはとろっとして甘みも香りも英国領より増す。旧スペイン領のものはライトでさらに甘みが強い。

「ヨーロッパ人は本国を思い出すような、自分たちになじみのある酒をつくりたかったのだと思います」

英国に運んでスコッチのシングルモルトの樽で熟成させたラムもあるし、旧フランス領のラムにVO、XOなどコニャックのような表示があるのも、そうした理由からだろう。

多東さんは、ラムを初めて飲むお客さんで「スコッチが好き」という場合には、旧英国領のラムを勧めるという。ブランデーが好きな人なら、旧フランス領のラムから始めるのもいいかもしれない。ラムには、RUM（英国）、RHUM（フランス）、RON（スペイン）の三通りの表示があるので、産地をいちいち聞かなくても、ラベルを見れば旧宗主国が分かるし、おおよその味の傾向も分かるという寸法だ。

どうやら、ラムの海にこぎ出すことはできたようだ。さらに、沖合に船を進めるため、色の違いについても頭に入れておこう。

色、製法の違いとカクテル

ラムには、大きく分けてダーク、ゴールド、ホワイトの三種類の色がある。蒸留してできた高濃度の原酒に加水してステンレスのタンクに三～十カ月入れて瓶詰めしたのがホワイト、オーク樽で二年ほど寝かせたのがゴールド、バーボンなどの空き樽に詰めて三年以上寝かせたものがダークだ。ダークラムの熟成には基本的に新樽を使わない。ダークの方が味はヘビーで色が薄くなるにつれてライトな味になっていく、と一般に思われがちだが、そうではない。樽に入れて熟成させるか否かの製法の違いで、味の濃淡とはあまり関係ないのだという。

では、いわゆる味がヘビーかライトかというのは、どこで見分ければいいのだろうか？

「焼酎には甲類、乙類というのがありますよね。それと同じように、ラムも仮に甲類、乙類のように分けてみると、味の濃淡がよく分かります」

東京下町の酒場を徘徊しているので、このたとえはありがたい。甲類は純粋なアルコールのような焼酎。下町酒場定番の酎ハイやウーロンハイなどのベースになる。乙類は、原料の穀類の香りや味が濃厚に残った焼酎。いまブームの鹿児島の芋焼酎や沖縄の泡盛はこれに当たる。

ラムは製法によって〝甲類〟〝乙類〟を区別する。サトウキビを絞ってできた汁を加熱すると、上部の結晶（蔗糖）、下部の糖蜜に分かれる。下部の糖蜜だけを発酵・蒸留してラムにしたのが、焼酎でいえば甲類。結晶の部分も含めすべてを発酵・蒸留してできたラムが乙類というわけだ。

通常は、上部の結晶は精製して砂糖にするので、糖蜜だけを使ったラムが多いが、フランスの海外県であるマルティニック島やグアドループ島などではジュースを丸ごと発酵・蒸留した〝乙類〟のラムもたくさんつくられている。

早速、それらの一つ、マルティニックのＪ・バリーのホワイトを飲んでみた。サトウキビの青臭さや苦みがわずかに残る野性的な味で、結構やみつきになりそうだ。ちなみに、マルティニックの丸ごと発酵ラムにはアグリコール（ＡＧＲＩＣＯＬＥ）の表示があるので、ラベルを注意して見ると、それだけで「これは濃厚な味だな」と分かる。

もちろん、丸ごと発酵のラムもオーク樽やバーボンの空き樽に詰めて寝かせると、ゴールドやダークのラムになる。この濃厚なラムを樽で熟成させればさぞかしうまいだろうな、と思っていたら、多東さんは気持ちを察したのか、さっとカウンターに出してくれた。マルティニックのクレマンという銘柄のオールドラム。口に含むと、華やかな香りが鼻腔を抜けていく。「コニャックのような」という表現は、決して大げさではない。

ラムは気温が高い地域でつくられ、樽から蒸発する分量も多いため、スコッチに比べると、長期熟成するものは少ない。しかし、なかには一九二〇―六〇年代の原酒から厳選したものをブレンドしたという逸品もあるので、バーの棚にオールドラムを見つけたら迷わず注文すべし、だ。

度数の高い酒は苦手という女性なら、カクテルからラムの世界に入るのもいい方法だ。ラムのカクテルといえば、ホット・バタード・ラムやダイキリが有名だが、「タフィア」では、ライムと砂糖を加えたティ・ポンシュを勧めている。マルティニックではもっともよく飲まれている方法で、酒場に行くとラムの瓶とライム、砂糖が必ずセットで出てくるという。現地の酒場では、マンゴーやサクランボなどさまざまなフルーツをつけ込んだラムもよく飲まれる。「パンチのようなもの。フルーツをつけた瓶がずらりと並んでいるのを見ると、まるで〝梅酒バー〟みたいですよ」

最初から、果物やバニラなどの香料を添加して瓶詰めしたスパイスドラムもある。世田谷区代田の酒店「信濃屋」の田野智久さんは、「ラムは初めて」という人には、バニラやアプリコットを加えたキャプテン・モルガンを勧めている。

「初めての人にとってラムの飲み安さは、甘さがポイントになりますね」と田野さんは言う。

「タフィア」の多東さんはかつてシングルモルトを揃えたバーに勤め、スコットランドの蒸留所を訪れたこともあったが、四年前にマルティニックなどカリブの島々を旅してラムの魅力にとりつかれた。サトウキビ収穫のため連れてこられた黒人奴隷の小屋跡を見て衝撃を受け、白人と黒人が混ざったクレオールという文化が食べ物や音楽などに影響を与えていることも知った。

「とにかく島のパワーが強いんです。後に入ってきた中国人やインド人の文化も混ざり合っていて……。そういう島のエッセンスも伝えていきたい」

多東さんはこう話し、マンゴーをライムとニンニク、唐辛子であえたカススやカリブ風のカレー、コロンボなど、できるだけ島と同じ食べ物を店で出している。

ラムの魅力とは何なのだろう?

「内臓が温かくなって、体がやわらかくなり、心が解放されると思います。そんなところがいいですね」

日本ではポピュラーではないラムを専門にしているので「みんなからインディーズバーと呼ばれている」と多東さん。しかし、芋焼酎に続いて黒糖焼酎が密かなブームになっている。黒糖焼酎と同じサトウキビでつくったラムがブレークする日も近いかもしれない。

（二〇〇四年五月）

第五章　海を感じながら

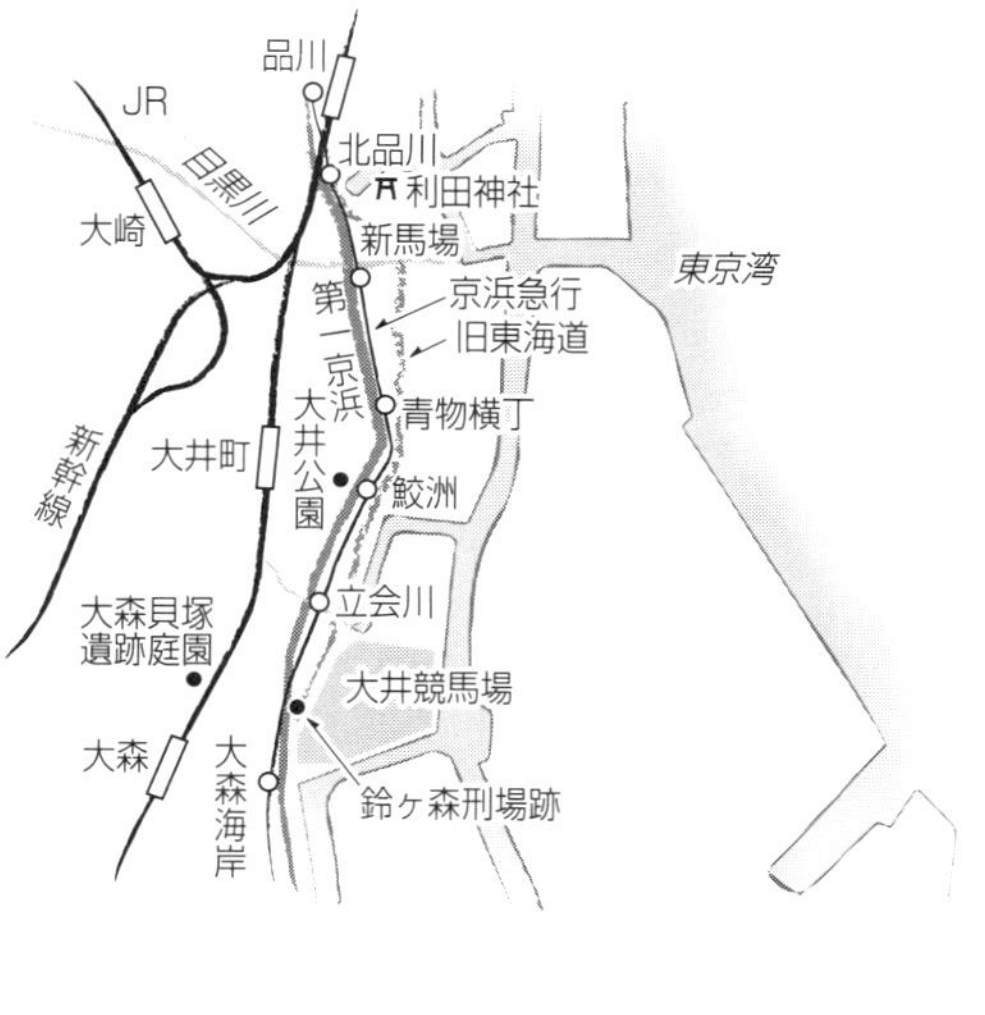
品川
JR
目黒川
北品川
利田神社
大崎
新馬場
東京湾
第一京浜
京浜急行
旧東海道
青物横丁
新幹線
大井町
大井公園
鮫洲
立会川
大森貝塚
遺跡庭園
大井競馬場
大森
大森海岸
鈴ヶ森刑場跡

旧東海道の名所を訪ねて　品川から大森へ

雲ひとつない快晴になったので、旧東海道を歩こう。

天気がいいのと東海道がどう関係するのか、と問われると困るのだが、せっかくの晴れた日に、有楽町のガード下や大久保辺りのエスニックな路地裏をうろつくという気にはならない。その昔、大勢の人々が行き交った街道を闊歩したい。江戸五街道の中でも、海に近い東海道はとりわけ、青い空が似合うような気がする。

品川駅の高輪口を出て、第一京浜を南へ歩くと、前方に八ツ山橋が見えてきた。この橋は、一八七二（明治五）年、新橋―横浜間に鉄道が開通したときに線路をまたぐため架けられた。つまり、日本最初の跨線橋だ。正月の箱根駅伝の中継にも登場する品川のランドマークである。

ゴジラとクジラ

八ツ山橋は、あの怪獣ゴジラと関係がある。一九五四（昭和二十九）年封切りの東宝映画「ゴジラ」の第一作は、太平洋の深海に眠っていたゴジラが水爆実験で目覚め、東京湾から品川に上陸する設定だ。そのゴジラくん、何が気に入らないのか、品川に上陸早々、大暴れして八ツ山橋をこなごなに破壊してしまう。映画史に残る特撮怪獣が、最初にぶっ壊した記念すべき建造物が、この橋ということになる。

八ツ山橋を渡って坂を下ると、かつて品川宿があった旧東海道に出るが、品川駅から歩いてきて、そのまま橋を渡ると八ツ山通りに出てしまい、旧東海道から離れてしまう。面倒だが、いったん車道を横断してから渡橋し、右手の京浜急行の踏切を越えると、旧東海道へとつながる坂に出る。

僕は、東京の東北に住んでいるので、西南の品川かいわいにうとい。そこで、きょうはバッグに、日暮里の図書館で借りた『東海道品川宿―岩本素白随筆集』（ウェッジ文庫）を放り込んできた。ちなみに、岩本素白《そはく》は、一八八三（明治十六）年、ここ品川宿で生まれた国文学者だ。この本を町歩きのガイドブック代わりにしようと、電車の中で読んでいたのだが、品川宿入り口辺りの光景は次のように書かれていた。

〈武蔵野の末を細々と流れて来た野川の水が、目黒村を過ぎ大崎村を通って東の海に注ぐ所に、昔の東海道品川宿があった。浮世絵師の好んで描いた高輪の海、八ツ山の丘、その頃は海も蒼く丘も茂っていて、早立ちの旅人は爽やかな朝の光の中を、いよいよここから江戸を離れて東海道にかかる。宿場の入口は多くだらだら坂になっているものだが、この宿《しゅく》も八ツ山から下りになっている入口を俗に「坂」と呼んでいた。明治になっても「坂」にはまだ何軒かの引手茶屋が残っていた〉

引手茶屋は、遊郭で客を妓楼に案内する茶屋のことだ。吉原のような遊郭ではない宿場町品川に、なぜ引手茶屋があったのか。

品川宿は、お江戸日本橋から始まる東海道五十三次の第一の宿場なので、旅籠《はたご》が軒を連ねていた。このうち、飯盛女《めしもりおんな》（幕府の文書では食売女《めしうりおんな》）がいるのを食売旅籠、いないのを平旅籠と呼んだ。この飯盛女が、宿泊客の給仕をするだけでなく、遊女の役目も果たしていた。

江戸には幕府公認の遊郭、吉原があり、東海道の初宿、品川宿は大名から庶民まで大勢が行き来する所だったので、表だって遊郭とするわけにはいかず、旅籠、飯盛女の名称を使い続けたが、実際は、旅籠は妓楼、そこで働くのは遊女だった。やがて引手茶屋ができ、芸者、幇間も集まって一大歓楽街となった。幕府は、品川に五百人の飯盛女を置くことを許可したが、実際には、倍以上の女がいたと言われており、吉原を北国、品川を南国または南と呼んで対比するほどの賑わいだったという。

そもそも、品川は東海道の初宿だが、江戸を早朝発った旅人が泊まることはまずなかった。当時、男は一日に十里（四十キロ）前後歩くのが普通だったので、一日目の宿は、戸塚かひとつ手前の程ヶ谷（保土ヶ谷）になる。十返舎一九の「東海道中膝栗毛」の主人公、弥次郎兵衛、喜多八の二人も戸塚で第一夜の宿をとっている。

品川は、春は御殿山の桜、夏は品川浦の潮干狩り、秋は海晏寺《かいあんじ》の紅葉を楽しめる、江戸の人々にとって格好の行楽地だった。男たちは、花見や紅葉狩りを口実に、遊里にくり込んだのだろう。

「坂」を下りて、旧東海道に入ってすぐのところに観光案内所があり、「東海道品川宿　まち歩きマップ」を五十円で売っていた。この辺りから鮫洲、立会川を経て鈴ヶ森までの街道沿いの観光名所が載っている。

早速、その「まち歩きマップ」を見てみると、すぐ先に大妓楼の土蔵相模の跡があることが分かった。街道の左手に見えるマンションとコンビニのファミリーマートが、土蔵相模がその昔、立っていた場所だ。木の立て札に書いてある説明文によると、土蔵相模は、旅籠の相模屋というのが正式名称で、土蔵造りの海鼠壁《なまこ》だったので土蔵相模と呼ばれた。一八六二（文久二）年十二月、長州藩の高杉晋作、久坂玄瑞、伊藤俊輔（博文）らが、この土蔵相模に集まって密議をこらし、品川の御殿山に建設中だった英国公使館を焼き討ちする事件を起こしたという。立て札には書いていないが、桜田門外の変の前夜、井伊直弼を襲った水戸浪士らが集まったのもこの妓楼だった。

そのころ、街道の南側はもう海だった。落語の「品川心中」は、遊女にだまされた客の男が、妓楼のすぐ裏手から海に飛び込む設定になっている。当時、この辺りを歩いていたら、寄せては引く波の音が絶えず、潮の香りも漂っていたに違いない。

土蔵相模のほかにも、この辺りにはかつて、島崎、坂本楼などの大妓楼が軒を連ねていたというが、いまは、そば屋や和菓子屋、八百屋などが並ぶ、ごくありふれた商店街だ。その商店街の路地のひとつをひょいと右に曲がると、「三浦屋」の看板が見えた。間もなく創業五十年になる老舗の天ぷら屋だ。きょうは、大森まで長い道のりを歩くので、天丼をがっつり食って栄養をつけよう。

「三浦屋」は、駅前の大衆食堂という雰囲気の店で、狭い。十人ほどが座れる座敷と、反対側の壁沿いに三席のカウンターがある。僕が通されたのは、座敷のテーブル席。真ん前に、若いカップルがいて、いちゃついている。目をそらすため、壁の方を見ると、ここで食事した有名人の色紙がびっしりと貼られていた。グルメ番組のレポーター、女子アナ、お笑いタレントのものが多いが、なかにはきらりと光る色紙もあった。

「流れる水は先を争わない　立松和平」

「ガキの頃からイロハが駄目で　覚えているのはイロばかり　田中邦衛」

この店の名物、天丼は、並丼七百円から二百円刻みで、上丼、特上丼、極上丼とグレードアップする。極上丼は、穴子、きす、めごち、えび、ししとうが載って千三百円。ほかに、かきあげ丼、穴子丼、さかな丼が、各千百円となっている。

前のカップルは、極上丼とさかな丼を注文。僕も、ちょっとぜいたくをして極上丼にした。人気店なのか、気がつけば満席で、表に四、五人が待っている。天丼ができあがるまでの間、ビールを飲みながら待っている人が多いが、そちらはあまり見ないようにする。

しばらく待って出てきた極上丼は、揚げたての天ぷらが丼の上に盛り上がっていて迫力満点だ。天ぷらの衣はさくっと、中のえびや魚はほっこりと、揚がっている。とくに、めごちは肉厚で美味。タレは濃いめで甘いが、天ぷらや飯にかける量が少ないので、さっぱりしている。飯の量も少なめで、胃がもたれない。シジミの味噌汁とお新香も旨い。

腹ごしらえが済み、街道に戻った。歩道が石畳風に整備され、途中に「お休み処」も一定間隔で設けられているのでウオーキングにはうってつけだ。そのせいか、小型リュックをかついだ熟年夫婦が、僕の前後を何組も歩いている。快適だが、あまりにも整備が行き届いているので、アミューズメント施設を歩いてるような気分にもなる。昔の品川の面影を留める所を探そうと、今度は街道を左折して離れ、品川浦の舟だまりに出た。

ここには屋形船が数多く係留され、周囲に古い民家が残っている。遠景に、品川グランドコモンズ、品川インターシティなどの高層ビル群があるので、絶好の写真撮影スポットにもなる。

佃島を歩いたとき、佃小橋から見える風景を撮れば、「東京下町の今昔」あるいは「トーキョーに残る江戸」という題にぴったりな写真になると思ったが、この品川浦から撮影しても、同じようないい構図の写真が出来上がるだろう。

舟だまりの近くの利田神社境内に鯨塚があった。隣に「鯨塚乃由来」という石碑が立っている。その碑文によると、次のような出来事が江戸時代にあったことが分かる。

一七九八（寛政十）年五月、暴風雨の影響で、大きな鯨が一頭、品川沖に迷い込んだ。品川の漁師たちが総出で舟を出し、浜に追い込み、捕まえた。鯨の体長は九間一尺（一六・六メートル）もあったので、江戸中の評判となり、見物客が大勢集まる騒ぎとなった。これが十一代将軍徳川家斉の耳にも入り、「ぜひ見たい」との仰せがあったため、漁師たちが鯨の死体を何隻もの舟にくくりつけて引っぱり、家斉のいる浜御殿（現在の浜離宮）まで運んでご覧にいれた。

江戸時代、鯨の骨を埋めた神社に碑が建てられた

この鯨の骨を利田神社境内に埋め、上に富士山の形をした碑を建てたのが鯨塚だ。利田神社近くの児童公園にも、この故事にちなみ、鯨の大きなオブジェがある。

神社のすぐ南側にある台場小学校の前には、ペリーが黒船で来航した後、急きょ造られた御殿山下砲台（台場）跡も残っている。この辺りが、昔の海岸線だったようだ。

無縁供養の寺

街道に戻り、しばらく歩くと、「日本橋より二里　川崎宿へ二里半」と記された石の道標が立っていた。日本橋というと、品川からは随分、遠いように感じるが、歩いて二時間ほどで着く距離なのだと分かる。

その先にあるのが、品川宿の本陣跡、聖蹟公園。明治元年に明治天皇が初めて江戸入りしたとき、品川宿の本陣を行在所として使用したことを記念して聖蹟の名がつけられた。公園内には、昔の井戸の跡のようなものが残っているが、本陣をしのばせるものは何もない。食い散らかしたコンビニ弁当の容器が転がっていて、殺風景だった。

次はどこに行こうかと考えながら、「まち歩きマップ」を眺めていたら、卍や⛩の記号が、やたらと多いことに気づいた。とくに、街道の西側から第一京浜にかけて集中している。品川は遊里でもあり、神社仏閣の多い寺町でもあったのだ。

山手通りを右折して第一京浜を渡ると東海寺がある。かつて品川で最も大きな寺は、この東海寺だった。三代将軍家光が、京都の大徳寺の住持などを務めた高僧、沢庵宗彭を招き、広大な寺領を与え、創建した寺である。とにかく、面積の広い寺だったようで、東西の距離でいうと、いまの第一京浜が目黒川と交差する東海橋からＪＲの線路を越えて大崎の居木橋《いるきばし》まで、南北は権現山公園のある辺りから目黒川までが寺領だった。現存の東海寺は、境内に点在した塔頭のひとつにすぎない。

沢庵和尚の墓は、ＪＲ山手線と京浜東北線に挟まれた丘陵の大山墓地にある。東海寺から足を延ばして見に行った。偶然かもしれないが、ちょうど沢庵漬けの重石《おもし》のような丸い自然石が、台石に載っかった墓だった。

再び街道に戻り、目黒川に架かる品川橋を渡る。この橋はもともと、境橋と呼ばれていた。目黒川を挟んで北品川宿と南品川宿に分かれることからその名がついたらしい。

橋を渡ってしばらく歩くと南馬場通りと交わる角に「昭和ネオン」という名の会社があった。昭和ネオン。何とレトロな響きだろう。青江三奈、フランク永井、石原裕次郎らのムード歌謡のメロディーがなぜか耳の奥から聞こえてくる。会社名だけでなく、本社ビルや看板も、昭和の香りがするレトロな造りなのが面白い。

南馬場通りを右折すると、通りの左右にずらりと寺が並んでいる。江戸時代、この周辺には「溜め」と呼ばれる一角があったという。素白の『東海道品川宿』には、こう書かれている。
〈品川という宿場のはずれ、南場ン場の奥には、当時「溜め」と呼ばれた囚人の病檻があった。そこへ伝馬町の牢から病み呆けた囚人たちが、畚《もっこ》という物に乗せられて、一塊の土のように運ばれて行く〉

これらの「溜め」で死んだ囚人や行き倒れの病人、身寄りのない遊女（飯盛女）ら無縁の者が死ぬと埋葬される投込寺《なげこみでら》が、海蔵寺である。

海蔵寺の境内に入ってすぐ右手の奥に、俗に首塚と呼ばれる無縁供養塔がある。江戸時代には、品川のはずれ、鈴ヶ森の刑場で処刑された者の首をここに埋葬した。先ほど触れた「溜め」の死者や遊女、天保の大飢饉のとき品川で行き倒れた二百十五人も合葬されている。

この塚にお参りすると、頭痛が治ると言い広められ、頭痛塚とも呼ばれた。首がないから頭痛には無縁、ということなのだろうか。そんな洒落で参るにしては、対象があまりにも凄惨すぎる。

海蔵寺には、一八六五（慶応元）年建立の津波溺死者供養塔、一九一五（大正四）年建立の京浜鉄道轢死者供養塔、一九三二（昭和七）建立の関東大震災横死者供養塔などもある。いずれも無縁の死者を弔うもので、海蔵寺無縁塔群として品川区の史跡に指定されている。

冒頭、東海道には晴れた日が似合うと、能天気なことを書いたが、街道筋から一歩、横丁に入ると、横死者たちの霊がいまなお漂っているようで、むしろ、ぶ厚い雲に覆われた氷雨の日が似合いそうだ。

土佐藩邸と龍馬

話は飛ぶが、僕は時々、浪曲を聴きに、浅草の定席木馬亭に行く。落語や講談とは違い、三味線の伴奏がつき、独特の節回しがあって音楽的にも魅力がある話芸だ。この浪曲の世界で神様のような存在なのが、明治、大正時代に一世を風靡した桃中軒雲右衛門である。京急の新馬場駅と青物横丁駅のちょうど中間辺りにある天妙國寺に、この雲右衛門の墓が建っている。訪ねてみると、灯籠のような形をした大きな墓だった。

雲右衛門は、弟子の宮崎滔天に従って九州を回り成功を収め、東京でも忠臣蔵外伝ともいえる演目「義士銘々伝」で人気を博し、歌舞伎座の独演会は満員になったという。雲右衛門の実演を録音したレコードも売れたが、いまで言う海賊版も出回った。これに対し、雲右衛門側が損害賠償を求めて訴え、大審院まで争った。損害賠償は認められなかったが、著作権について、当時の最高裁である大審院の判断が初めて示されたことから、桃中軒雲右衛門事件として司法の世界に名を残している。

鮫洲駅前の歩道橋で第一京浜を渡ると、大井公園に出る。江戸時代、ここに土佐藩の下屋敷が置かれていた。かつての住人、幕末の土佐藩十五代藩主、山内容堂（豊信）の墓が公園内の坂道を上った高台にある。

　コンクリート塀や金網で公園や立会小学校と隔てられた墓所には樹木が生い茂り、昼なのに薄暗い。「贈従一位山内豊信公之墓」と彫られた大きな自然石の墓がある。と思ったら、実際の墓は、すぐ隣の土まんじゅうのような円形の物体《オブジェ》らしい。この立派な自然石は墓標のようだ。塀の近くに石灯籠の笠や手水鉢が投げ捨てられたように散らばっていて、雑草も生えている。もちろん、花や供物もなく、寒々とした光景だった。

幕末の土佐藩主、山内容堂の墓

　容堂は下屋敷から見る品川沖の海を愛し、土佐ではなく、この地に眠ることを望んだようだが、いまは海は見えず、眼下に幹線道路の第一京浜が走るだけだ。泉下の容堂は、どう思っているだろうか。

　土佐藩は、ペリー率いる黒船が来航したとき、海岸にある鮫洲抱屋敷内に浜川砲台を築き警備にあたったが、その砲台詰め藩士の中に、まだ二十歳《はたち》前の坂本龍馬がいたと言われている。

二〇〇四年、鮫洲抱屋敷跡から浜川砲台の礎石が二十数個見つかった。一つを高知市に寄贈したところ、返礼として、高知市内のホテルが所有するプラスチック製龍馬像が贈られた。この龍馬像は、立会川駅前の児童遊園内に立てられたが、プラスチック製なので、見た目がいかにもチープな感じだった。以前、来たときには、交通安全キャンペーン中で「龍馬と共に願う交通安全」のたすきを掛けられ、みじめな姿をさらしていた。

二〇一〇年にNHK大河ドラマ「龍馬伝」が放映され観光客が増えたことから、プラスチック製ではまずいと思ったのか、地元のロータリークラブ有志が寄付を募って本格的なブロンズ像に建て替えた。新しい銅像は高さ二・二メートルで「二十歳の龍馬像」と名付けられた。ちょうど、龍馬が海岸警備にあたったころの年齢をイメージして制作したという。龍馬といえば、履き物はブーツが定番だが、この銅像はわらじを履いているのが面白い。

龍馬ゆかりの地ということで、京急立会川駅周辺の飲食店は、龍馬の名を冠した食べ物を出しているところが多い。中国料理の「鳳明軒」は、龍馬が好物だった軍鶏《しゃも》肉入りの「龍馬ラーメン」とカツオの醤油煮入りの「龍馬ギョウザ」をメニューに加えた。パンの「カフェ・ロティー」は「龍馬の足あとパン」という足形のクリームパンを売っている。江戸時代から続く蕎麦の老舗「吉田家」にも軍鶏肉入りの「龍馬せいろ」がある。

刑場と貝塚

街道をさらに南下すると、立会川に架かる浜川橋に出る。通称は涙橋。品川区教育委員会の立て札に名前の由来が書いてあった。「慶安四年（一六五一）、品川に仕置場（鈴ヶ森刑場）が設けられました。ここで処刑される罪人は、裸馬に乗せられて江戸府内から刑場に護送されてきました。この時、親族らがひそかに見送りにきて、この橋で共に涙を流しながら分かれたということから、『涙橋』と呼ばれるようになりました」

涙橋を渡ると間もなく、第一京浜と合流する手前に鈴ヶ森刑場跡がある。

鈴ヶ森と言えば、歌舞伎で、白井権八と幡随院長兵衛が出会う名場面がある。鈴ヶ森にさしかかった白井権八が、雲助たちに取り囲まれて立ち回りとなり、鮮やかに切り伏せる。その様子を駕籠から見ていた長兵衛が「お若えのお待ちなせえやし」と声を掛け、「待てとおとどめなされしは拙者がことでござるかな」と権八が答えるシーンだ。

この白井権八は、吉原の遊女小紫の元に通うため、浅草日本堤で辻斬り強盗をはたらいた平井権八がモデルだ。平井権八は捕らえられ、鈴ヶ森刑場で磔《はりつけ》にされた。

鈴ヶ森で初めて処刑された罪人は、由井正雪とともに幕府転覆を謀った丸橋忠弥とされる。このほか、恋人会いたさに放火した八百屋お七、徳川吉宗の御落胤を騙った天一坊らが火あぶりや磔にされた。往来の多い街道わきに刑場を置いたのは、みせしめのためだと言われている。

刑場跡には火あぶり用の台石が残されていて、「八百屋お七をはじめ処刑者は皆この石上で生きたまま焼き殺された」と書かれた説明板があり、ぞくっと寒けがした。

ここから、第一京浜を渡って大森に向かう。JRを越えて品川方面に進むと、大森貝塚遺跡庭園に出る。アメリカの動物学者エドワード・モースが一八七七（明治十）年、大森貝塚を発見、発掘したことを記念した公園だ。

大森貝塚が発見された地に立つ石碑

モースは横浜から新橋行きの汽車に乗っていて、大森駅を過ぎたあたりで、貝殻が堆積して層になっているのを発見した。東京大学のお雇い教授だったモースは後日、学生や助手を引き連れて、この場所を訪れ、貝殻のほか、土器、石器、人骨、獣骨などを発掘した。英文の調査報告書に土器の文様について「ｃｏｒｄ　ｍａｒｋ」と記したことが「縄文」の語源になった。日本の考古学は、大森貝塚から始まったと言われる。

園内には、モースの胸像と「大森貝塚」と刻まれた大きな石碑がある。胸像は、モースが縄文土器を手にとって眺めている姿だ。貝塚の地層を観察できる施設もある。この公園は、木々が青々と茂り、広々として気持ちがいい。歩き疲れたので、ベンチで風に吹かれながら休息した。

「鳥万」

うとうとと居眠りしたようだ。背伸びをして「さて、近くで一杯やるか」と思ったが、大森にはなじみの店があまりないので、蒲田まで出て、大衆酒場の殿堂、オジサンたちのワンダーランド「鳥万」へ行くことにした。

蒲田駅の西口を出て駅前ロータリーを右斜めに入ると、「鳥万」の古びたビルがある。五階建てで、一階から四階までが酒場になっている。最上階は事務所と従業員の休憩室らしい。一階が満員になると二階へ、二階が満員になると三階へ、というように、混雑具合で客は上階に案内されるが、まだ午後四時すぎだったので、僕は何とか一階のカウンター席にすべり込むことができた。

この店に来ると、壁を埋め尽くすように貼られた品書きの多さに圧倒される。品数は優に二百を超えているだろう。短冊の半分ぐらいが、鮮やかな黄色なので、迫力がある。

「鳥万」という店名から分かる通り、焼き鳥や鳥唐揚げなどが名物だが、刺身や焼き魚類も充実。レバニラ炒めや麻婆豆腐などの中華系、アメリカンドッグやピータン、磯辺もちなどの変わったつまみも出す。

小袋に入ったあられやピーナッツが付きだしというのもユニークだ。店員が注文をとりに来たので、迷った末、定番のポテトサラダとたこぶつを頼み、飲み物はホッピーにした。ここのホッピーは、酒の弱い人は頼まない方がいい。氷入りジョッキの上まで焼酎が入っていて、最初は別に出される瓶のホッピーをほとんど注げない。

一杯目を飲み干そうかというとき、奥の席に、〝寅さん〟がいるのが目に入った。ダボシャツに腹巻き、首からお守りを提げ、縦じまのダブルの背広を肩に羽織っている。中折れ帽がテーブルに置かれ、椅子のわきにトランクもある。足元はよく見えないが雪駄《せった》を履いているのだろうか。と思って見ていたら、反対側に座っていたのは、酒友で朝日新聞の下町探訪記者、小泉信一さんだと気づいた。向こうも僕を見て「いやあ、こんな所で大川さんに会うとは」と驚いたようだ。二人の隣が空いていたので、僕はジョッキを持って、席を移った。

〝寅さん〟は、柴又の帝釈天周辺で寅さんの格好でガイドをしている、ものまねタレントの野口ようういちさん。きょうは、横浜市・綱島温泉でのイベントに出演した帰りだという。野口さんが中折れ帽をかぶり、「それを言っちゃあ、おしまいだよ」などと、渥美清のものまねをすると、周りの客が気づいて、ぱっと視線が集まる。本人は注目されるのに慣れているのだが、横にいる僕の方はドギマギしてしまった。

小泉記者は、朝日新聞夕刊の「ニッポン人脈記」で「おーい、寅さん」を連載した。さくら役の倍賞千恵子や歴代マドンナの吉永小百合、浅丘ルリ子、いしだあゆみらが語る映画「男はつらいよ」の撮影裏話や寅さんこと渥美清の思い出などをまとめた記事で、後に加筆して本にもなった。いまも日曜版に「寅さんの伝言」というコラムを書いている。

この二人と飲んでいると、話は自ずと寅さん（渥美清）のことになる。野口さん、小泉さん、どちらも寅さんへの愛情が言葉の端々に表れる。その熱き会話を聞きながら、濃いホッピーをお代わりして飲んでいたら、歩き疲れもあるのか、あっという間に酔っぱらってしまった。

さらに足をのばして㉙

大山酒場（大井町）

戦後闇市の匂い残す路地

「穴があれば入りたい」ということわざがあるが、「路地があれば入りたい」というのが、僕のモットー。表通りを歩いていても、わき道があると足を踏み入れたくなる。飲食店が密集する路地をうろつき、暗がりにともる赤ちょうちんに誘われて暖簾をくぐる……。こういうのが、たまらないんだよなあ。

東京には戦後の闇市のにおいを残す路地街がいくつかある。有名なのは、新宿西口の「思い出横丁」（誰もこの名称では呼ばないが）、池袋東口の「人世横丁」といったところだろうか。でも、規模において新宿や池袋をはるかに凌駕する路地街は、大井町の「平和小路・東小路」である。再開発でどこもかしこも高層ビルが立ち並び、無機質な街になる中、このラビリンスの猥雑さは貴重だ。

狭い路地に百近い飲食店がひしめいているが、老舗の風格を備えた居酒屋といえば、なんといっても「大山酒場」。創業から半世紀を超えるこの店は、レトロな魅力に溢

れている。最近あまり見かけない、床に固定されたスツールが面白い。丸くて小さい木の座面。「スタンドバー」と呼ばれた酒場によくあったスツールだ。店員のおばさんたちの格好も懐かしい。白い上っ張りを着て、頭には三角巾をつけている。偉大なるマンネリドラマ「渡る世間は鬼ばかり」の「幸楽」で働く泉ピン子や赤木春恵みたいだ。

肴はどれも安くて旨い。ボリュームも満点。おでんのとうふを頼んだら、だしの滲みた一丁まるごと、どーんと皿に盛られて出てきたのには感激した。名物のにこみも美味だが、一番のお薦めはオムレツである。プレーン、ハム、キャベツ、チーズなど七種類もある。バターの効いた卵は見事な半熟状態で、ドミグラスソースもたっぷり。ポテトフライも添えられているので、この逸品だけで充分、酒が飲める。お試しあれ。

（二〇〇五年六月）

＊戦後闇市の面影を残す、この名酒場は閉店してしまった。

さらに足をのばして㉚

千世（羽田）

釣った魚を豪快に料理

店に入ると、真ダコの大きな魚拓が目に飛び込んできた。日付は平成六年八月九日、二・三キロと記されている。「こんなでっかいタコ、見たことないな」とつぶやくと、主人の田牧博伸さん（65）は「以前、四キロを超えるのも釣ったことあるよ」と言って、うれしそうに笑った。

田牧さんは常連客と一緒に、その名も「大蛸会」という同好会をつくり、週に一、二回、東京湾で釣りを楽しんでいる。釣果は、そのまま店の名物「釣り親父の釣りバカセット」として客に供される。この日は「きのう、五十八匹も釣れた」（田牧さん）というメバルが釣りバカセットになった。刺身、カルパッチョ、天ぷらの三点だ。

とびきり新鮮なメバルは生で食べるとコリコリ、揚げるとホクホクして絶品の旨さ。これだけで酒がずんずんすすむ。アジ、カサゴ、太刀魚などがセットになる日もある。「アジが百匹以上、釣れた日もあるよ」と田牧さん。すると、カウンターにいた「大

蛸会」メンバーの常連さんが「また、そんなこと言っちゃって」と、軽いジャブを出してきた。

続いて、店自慢の穴子の白焼きを頼んだ。キュウリの千切りの上に、うっすら焦げ目がついた穴子を並べるのが「千世」流。鮨屋が穴子をキュウリと一緒に巻くことからヒントを得たという。穴子の香ばしさが、しゃきっとしたキュウリで引き立ち、鼻腔を刺激する。

久保田、黒龍など地酒も充実している。店を手伝う次男博之さん（24）が九州から集めた芋、麦、米焼酎の逸品も呑んべえにはうれしい。店を開いて約四十年。土地柄、空港・航空会社の関係者がよく利用するが、「旨い魚」の噂を聞いて、遠くから訪れる客も少なくないという。

ところで、魚拓にもなっているタコは？「タコは六月から八月ごろが季節。これからだよ」。今度はぜひ、江戸前（東京湾）の活ダコの刺身を食べに来よう。

（二〇〇六年五月）

さらに足をのばして㉛

山幸（門前仲町）
鮎料理のコースを堪能

看板や箸袋には、屋号の前に「鮎の里」と書かれている。その名の通り、鮎料理がこの店の自慢だ。定番の塩焼きをはじめ、刺身、甘露煮、天ぷら、つみれなべ、うるか（内臓の塩辛）が常時、品書きにあり、鮎コースを頼むと、さらに、でんがく、吸い物、酢の物も付く。実に豊富なバリエーションで、川魚の女王と呼ばれる、この淡麗、美味な魚を堪能することができる。

今年で創業二十五年目だが、鮎料理を店のメーンにしたきっかけ、と言うより、そもそも店を始めたきっかけが、面白い。主人の山田正光さん（69）は元々、勤め人だったが、休日に鮎釣りに出かけるのを楽しみにしていた。月に一度か二度、友人、知人を自宅に招き、釣ってきた鮎を塩焼きや刺身、天ぷらにして、郷里新潟の酒を振舞っていたら、口コミで評判を呼び、来る人が増えていったという。

「いい匂いが家の外にも漂うので、ご近所の方もやって来るようになって……。皆さ

ん喜ばれるので、それなら店をやろうか、ということになったんです」と、おかみの真紗恵さん（65）は話す。

何はともあれ、鮎の塩焼きを頼んでみた。今は落ち鮎の季節なので、卵で腹が膨れあがったメスが出てくる。緑鮮やかな、たで酢につけて頬張ると、プリプリした卵に酸味が絡まって、実に旨い。うるかはイカの塩辛にはない独特の苦みがある。これをちびりちびりと箸で取って口に運び、キーンと冷えた吟醸酒で流し込むのは、呑んべえにはたまらない。

鮎のほかにも、新鮮な魚介類の刺身、鯛のかぶと焼きやかにの甲羅揚げなどの焼き物、揚げ物も充実。水餃子やすいとんなどの個性派もある。酒は、雪中梅、越乃寒梅、久保田などの新潟銘酒を中心に、石川の菊姫、岐阜の三千盛など五十種類以上が揃う。締めには、新潟の十日町そばのほかに、深川めしがある。アサリを炊き込んだ、地元名物の釜飯だ。

（二〇〇六年十一月）

さらに足をのばして㉜

深川　志づ香（門前仲町）

包丁捌きに魅せられて

銀座や大手町から地下鉄でわずか十分の距離なのに、隅田川を超えると、都心とは町の様相が一変。吹く風もどこか柔らかい感じがする。

この江戸情緒あふれる深川に開店して二十年。食通をうならせてきた下町の名店は、穴子の白焼きをずっと看板にしてきた。

主人の静武徳さんは、焼き穴子をよく食べる大阪で二年ほど働いたことがあるという。「東京では穴子は天ぷらか鮨にするのが一般的。焼き穴子はあまりなじみがなかったので、出してみようと思いました」

ここでは、鮨屋で出すものより太い穴子を仕入れ、ハモのように〝骨切り〟をしてから焼き上げる。焼き目がつき香ばしい皮と脂がのってぷりぷりした身がたまらない。

アオリイカ、平目、カツオなど旬の刺身も充実。ホタルイカとトマトのサラダ、かも茄子揚げ煮、マテ貝のウニ焼きなど手の込んだ煮物や焼物も旨い。

おまかせのコースを頼むと、これらの逸品がさまざまな器に盛られて供され、舌も目も楽しませてくれる。酒は松の司、飛露喜、黒龍、ビールはサッポロラガーという、いぶし銀の品揃えだ。

カウンターのすぐ内側に大きなまな板が置かれ、客は静さんの見事な包丁捌きを眺めながら箸を進め、盃をかさねる。円形劇場の観衆が名優の演技を見るような格好だ。

「作るところを見ると、お客さまも安心でしょうし、こちらも緊張感を持ち、背筋がすっと伸びるような気がします」

（二〇〇七年七月）

割烹　い奈本（芝浦）

花街の残り香漂う築90年の店

バブルの大波が、都心の古い木造家屋を軒並みさらってしまった。跡地にはどこもかしこも無機質なビルやマンションが立ち、温もりのある景観が次々と消えていく。ご多分に漏れず芝浦にも地上げの波濤が押し寄せたが、潮が引いてみると、ぽつんと孤島のように大正末期の建物が残っていた。それが、この家族経営の割烹だ。

「かいわいは花街で、ここは置屋だったんです。祖母も母も芝浦の芸者で、他にも芸者さんが四人いました。母が四十年前に改装してこの店を開業しました」と主人の稲本実さんは話す。

柊の巨木に覆われた築九十年近い建物は周囲を圧する存在感があるが、店内の黒光りする柱や梁、柱時計にも何とも言えない風情がある。昭和初期に時間が逆戻りしたようだ。

それにしても新陳代謝の激しい東京で文化財のような家屋がよく残ったものだ。

「田町駅から少し離れているのが幸いしたのではないですか。〝離れ〟の感じが逆に良かったのだと思います」

母堂が亡くなり、店を継いで二十六年。最近、稲本さんと同年代の常連客が定年の時期を迎え、送別会がよく開かれる。「息子たちには、次の世代のお客さんを開拓していってほしい」

毎朝、次男圭吾さんと築地市場へ仕入れに行く。ふぐ、あんこうなどの鍋物、刺身や煮物、揚げ物。いずれも、ひたすら旬のものを出すよう努めているからだ。

客への細やかな心遣いは亡母譲り。妻美子さん、長男量一さん、長女桃子さんら家族五人で店を運営する。飲食店業界の競争を勝ち抜く秘訣はと聞くと、きっぱりと一言。「家族の絆の強さです」

（二〇〇八年六月）

季節料理　こばやし（大森）

若き庖丁人が出すこだわりの酒肴

この立地条件は恵まれているようで、厳しい。乗降客の多いJR大森駅前だが、店があるのは雑居ビルの地下一階。道行く人から暖簾も看板も見えない。

閉店した寿司屋を居抜きで引き継ぎ、一年半。主人の小林匠さんは、こだわりの酒と肴で左党の心をつかみ、軌道に乗せた。「常連のお客さんも増え、地元の企業が宴会で使ってくれるようになりました」

真骨頂は旬の食材を使い、一工夫した料理だ。この日も、鴨ねぎ豆腐小鍋、白魚と菜の花の卵とじ、と季節を感じさせる品が並ぶ。

小林さんは二十八歳だが、包丁人としてのキャリアは長い。「高校を二カ月でやめ、和食店で働き始めたんです」。銀座、浅草の料理屋を経てホテル・ニューオータニの会員制クラブで八年間、厨房に立った。

肴、酒の探求に余念がない。チーズ西京漬は、那須の土産品をヒントにしたオリジ

ナル。西京味噌の甘味がチーズに染み、酒にもワインにもぴったり。「刺身専門の店で食べて酒に合うなと思った」という房総料理、鯵なめろうもいける。なめろうは大葉包み揚げ、茶漬けとしても出す。

酒類は何と七軒の酒屋から仕入れる。「他であまり飲めない酒を集めたいので」。悦凱陣《よろこびがいじん》（香川）、墨廼江《すみのえ》（宮城）の純米酒も珍しいが、粕取り焼酎の大亀（福岡）には驚いた。酒、焼酎は計七十種類。

客は、仕事帰りに一杯のサラリーマンが多いが、「三日前までに予約」のコース料理もある。アンコウ、ふぐ、スッポン……。「本格的な京懐石もやってます」。根っからの料理人は、酒の肴を出すだけでは満足できないようだ。

（二〇〇九年四月）

猛暑・豆腐・暗殺

夏は暑いのが当たり前だ。エアコンなんぞを効かせた部屋にいると、かえって体に悪い。夜寝るときは冷房も扇風機もつけず汗びっしょりになる。そして、朝起きてシャワーを浴びればスッキリ、サッパリ。汗をかけばかくほど、夏バテは吹っ飛んでいく……。昨年まで、こんなことをほざいていたのだが、ことしはさすがに参った。最近は少し暑さも緩んだが、七月末ごろには連日三五度を超える猛暑で、東京都心で三八度を記録した日もあった。気象庁は皇居の真ん前にあり、お濠端の樹林を渡った風が吹いてくるので都心では涼しいところだ。アスファルトが溶けるようなオフィス街で気温を測ったらゆうに四〇度を超えていただろう。

日中、表に出ると、サウナに飛び込んだようで頭がくらくらっとする。お年寄りや幼い子どもが表に出たら危ない。事実、熱中症で倒れ、救急車で運ばれた人が例年の数倍にもなるという。

食欲は当然ながら落ちる。肉類や天ぷらなど脂っこいものは食う気がしない。水代わりのようにビールを飲んでいるのでカロリーだけは足りているのか、体重は減っていないが、あっさりしたものばかり肴にしているから栄養不足には気を付けないといけない。そんな時、強い味方がある。豆腐である。

子どものころ、父親が冷奴や湯豆腐でうまそうに酒を飲むのを見て不思議に思った。子どもにとって豆腐は淡泊すぎて、決してうまいおかずではなかったからだ。ところが、四十歳を過ぎて、豆腐がうまくなってきた。今では、おかずや酒の肴として、ほとんど毎日のように食卓にのぼっている。

ネギをかけた定番の冷奴ばかりではあきてくる。そこで、七味豆腐というのを考えた。名前は大げさだが、料理というほどのものでもない。お猪口か小皿を七つ用意して、梅肉、きざみ海苔、ミョウガ、塩辛など好きな薬味をいれる。薬味を並べた真ん中に皿を置いて一丁の豆腐を盛り、あとは別の小皿に少しずつ豆腐をとって、好みの薬味をつけて食べる。薬味は、味噌、ユズ胡椒、ワサビ漬け、など何でも好きなもので構わない。もちろん、七味ではなく五味でも三味でもいい。

小学生の息子が考えた豆腐デザートもある。名付けて「黒蜜とうふ」。これも、たわいもない食べ物だ。豆腐に市販の黒蜜をぶっかけてスプーンですくって食うのである。子どもと一緒に食べてみたら旨かった。豆腐は、木綿より絹ごしの方が舌触りが滑らかでいい。甘みと溶け合って、豆腐がババロアかクリームチーズのような食感になる。かける黒蜜は、人工甘味料や保存料が入っていないものにしたい。うちでは、江東区大島の有限会社「平野商店」の蜜を使っている。創業は大正十二年という。原材料は砂糖と水飴のみで添加物はいっさい使っておらず、人工甘味料入りの蜜とは一線を画している。

「豆腐は日持ちしない」と言われる。とくに夏場は心配だ。しかし、豆腐が浸かっている水をこまめに替えると五日ぐらいは大丈夫だ。豆腐は、ほとんどが水分である。水道水ではなく「〇〇の名水」と書かれたミネラルウォーターに浸しておくと、味もぐーんと良くなる。料理に使って半丁ほど豆腐が余った時には、短冊に切ってフリーザーに入れるといい。凍れば、自家製の高野豆腐（凍み豆腐）になり、味噌汁の具に最適だ。

豆腐好きということで、すぐ思い浮かぶ人物は大村益次郎である。司馬遼太郎の「花神」を読んだからかもしれない。大村益次郎は、緒方洪庵の適塾で蘭学を修め、後に長州藩にとりたてられ、戊辰戦争では討幕軍の総司令官になった。「花神」によると、大村の晩酌は書生のころから升で量ったように銚子二本で、肴は湯豆腐か冷や奴と決まっていたという。

明治維新後、兵部大輔となった大村益次郎がもっとも目をかけていたのが、公卿の西園寺公望だった。西園寺は戊辰戦争のときには十九歳で山陰道、北陸道の官軍の主将として転戦している。

一八六九（明治二）年九月四日、宇治の火薬庫を点検するなどの目的で大村は京都を訪れ、京都に滞在している西園寺のもとへ使いをやり、宿まで会いに来ないかと伝えた。西園寺も、そのつもりでいたが、たまたま少年のころからの遊び仲間の公卿、万里小路通房が祇園に行こうと誘いに来た。西園寺はいったん大村に会いに行くと断ったが、万里小路が「会うのは今日でなくてもええやろ」と言うので、「それもそうや」と、万里小路とともに酒楼に上がって酒を飲んだ。ちょうど同じころ、大村益次郎は宿屋で刺客に襲われ、このときの傷がもとで間もなく亡くなった。

もし、西園寺が大村のいる宿屋を訪れていたら、いっしょに切られ、命を失っていたかもしれない。西園寺は九十歳まで生き、元老として長く後継首班奏請（総理大臣の選定）にあたり、立憲政治の維持に努めたのはご承知の通りだ。

司馬遼太郎は、西園寺は大村の宿に行っても豆腐が出るだけだと知っていた。それなら、祇園で芸妓をあげ佳肴で美酒を飲んだ方がおもしろいと思ったので大村を訪ねなかった、という趣旨のことを書いている。これが本当なら、一丁の豆腐が日本の歴史を変えたことになる。

（二〇〇一年八月）

第六章　城北の町あっちこっち

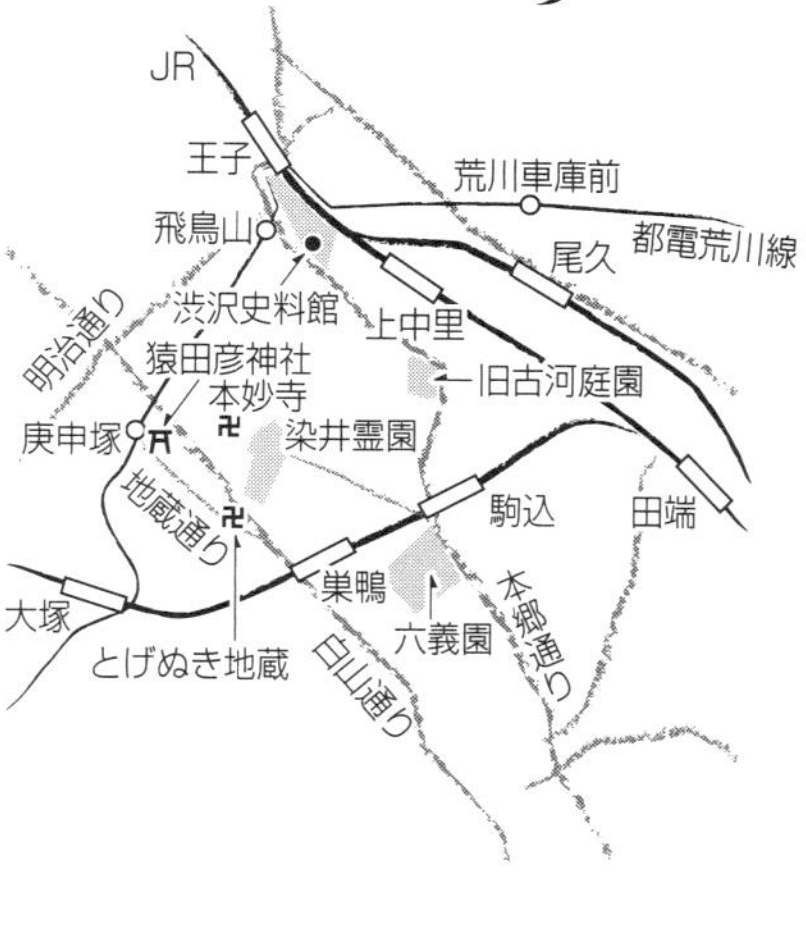

有名人の墓と名園巡り　巣鴨から駒込、王子へ

巣鴨駅前の白山通りの歩道で、小太りのおじさんが、いすに座ってマッサージを受けていた。おじさんは、どことなく、アナウンサーの徳光和夫さんに似ている。わきに立て看板があった。「一分間百円で何分でもOK」。ガテン系のようにタオルで頭を覆った白衣の男性が、腕や肩をていねいに揉みほぐしている。トクミツ氏は気持ちいいのか目を閉じ、男性の手に身をゆだねている。僕も肩こりがひどい質《たち》なので、マッサージをしてもらいたいと思ったが、こんな人通りの多い場所ではちょっと気恥ずかしい。順番待ちの女性もいたので、〝おばあちゃんの原宿〟巣鴨地蔵通り商店街目指して先を急いだ。

商店街の熱気

どこから湧いてきたのか、気がつくと、周りに、おばちゃんやおばあちゃんたち二、

三人のグループがいくつも現れ、同じ方向に早足で歩いている。皆、楽しげにおしゃべりしているのだが、声が大きくてパワー全開だ。おじさん、おじいさんたちもいるのだが、どうも男性陣は影が薄い。

地蔵通り商店街入り口のアーチが近づくにつれて、中高年女性たちの集団はさらに増え、アーチをくぐると、商店街の中は、ゆっくりとしか前に進めない雑踏になっていた。

〝おばあちゃんの原宿〟巣鴨地蔵通り商店街

もっとも、縁日の混雑ぶりに比べると、驚くほどではない。毎月四のつく日、つまり四、十四、二十四日には、とげぬき地蔵（高岩寺）の縁日があり、商店街に日用品の露店が並んで身動きができないほどの人出になる。

多い時には一日に十万人から十五万人というから恐ろしい。一度、縁日のときに来たが、露店に群がり、古着や靴などを買い求めるおばあちゃんたちの熱気に圧倒され、早々に退散してしまったことがある。

巣鴨と言えば、とげぬき地蔵が有名だが、地蔵通り商店街のすぐわきに真言宗豊山派の真性寺があり、江戸六地蔵の一つが鎮座している。都教育委員会の説明板によると、正式名称は銅造地蔵菩薩座像。高さは二・六八メートルで、笠をかぶり杖を右手に持つ姿だ。江戸六地蔵は、江戸時代の中期、深川の地蔵坊正元が発願し、江戸市中から広く寄進者を得て、江戸の六街道の出入口に建立したという。巣鴨は旧中山道の出入り口にあたる。

地蔵通り商店街に戻ると、「東京すがも園」の前に、名物の塩大福を買い求める客の行列ができていた。その少し先の右手に、とげぬき地蔵の高岩寺がある。境内に、小さな仏像があり、その前に長い人の列ができている。参拝者は、仏像にひしゃくで水をかけ、布で体をこすっている。

初めて訪れたとき、これがとげぬき地蔵か、と早合点したが、実は「洗い観音」と呼ばれる聖観世音菩薩像である。自分の体の患部と同じ部位を洗うと病気が治るという信仰が広がり、この名で知られるようになった。江戸時代に寄進された観音像は、長年、タワシでこすられ、顔や体がすり減ってしまったため、一九九二（平成四）年、現在の観音像に代わった。それを機に、タワシでこするのをやめ、布で洗うようになった。

とげぬき地蔵は秘仏なので拝めないが、地蔵尊を和紙に描いた御影《おみかげ》を本堂で買うことができる。「とげぬき」の名の通り、体の痛いところに貼ったり、のどに骨が刺さったときに飲むと治る、との言い伝えがある。

赤パンツ

高岩寺を出て、商店街を庚申塚の方へ少し歩くと、右手の路地に「飛魚《あご》だしうどん五島うどん」と書かれた提灯が揺れていた。長崎市内に二年ほど住んでいたことがあるが、思案橋や銅座などの繁華街に五島うどんの店が何軒かあり、昼飯や酒を飲んだ後の締めに、よく行った。本場の五島列島・福江島でも食べたので、懐かしくなって店に入ってみた。店名は「ここ・長崎」という。

カウンターに座って品書きを見る。かけうどんのほかに、大根、人参、ひじき入りの三菜うどん、さつま揚げ入りのバラモン揚げうどん、さばの燻製入りみじょかうどんなど、いろんな種類がある。「当店名物」と銘打った空海うどんは、三菜、バラモン、みじょかの三種がすべて入っている。値段も他のうどんとあまり変わらず、お得感があるので注文した。頼むとき、駄じゃれというか、オヤジギャグが頭をよぎったが、口には出さなかった。

注文したすぐ後に、老夫婦が店に入ってきた。品書きを見ながら、二人であれこれ思案している。「やっぱり、この空海うどんが色々入っていていいみたいよ」とおばあさんが言うと、おじいさんが「そうだな。では、空海うどんでも、食うかい？」

「やだ、いい年して何ばかなこと言ってるの」

さっき、僕もこれを言おうとしたけど、やめたんだよなと思っていたら、細身で銀髪の主人が「空海うどんには、お客さんが言われたように、食うかい、という意味も持たせているんですよ」と、うまく引き取って話をする。何だ、それなら先にベタなギャグを言っとけば良かった。

五島うどんは、椿油を使って手延べした麺のこし、あごだし独特の風味が魅力だ。特に、あごだしは、昆布や鰹節とは違ったこくと旨味があって、長崎住まいのころにはまってしまった。いまでは「うどんを食うなら、あごだしに勝るものなし」とさえ思っている。

カウンターに運ばれてきた空海うどんも、あごだし特有の香ばしい匂いが鼻をくすぐり、食欲をそそる。「福江の手作りの柚胡椒があるので、良かったらどうぞ。辛いから入れすぎないよう気をつけてください」と主人。柚胡椒をつくった女性の名前が紙に書いてある。「長崎県五島市上大津町　中村ツヤ」。まったくの個人の手作りなん

巣鴨の商店街には「赤パンツ専門店」もある

だと感心して、ちょっと皿に取ってなめてみたら、刺激的な辛さだ。これまで、大手メーカー製、家内工場製、居酒屋主人自家製など、さまざまな柚胡椒を食べてきたが、間違いなく一番辛い。それに、柚の香りもすばらしい。瓶詰めを売っていたので、みやげに一瓶買った。家で鍋料理をするとき、使ってみよう。焼き鳥にも合うだろう。楽しみだ。

「ここ・長崎」を出て、商店街に戻る。この商店街は、飲食店、衣料品店、家具・雑貨店、薬局など、ありとあらゆる種類の店が軒を連ねているが、その中で一番目立つ店は、なんと言っても元祖「赤パンツ」のマルジだ。

赤パンツは、その名の通り赤色の下着のことだが、女性用を指す。男性用は赤トランクスと呼んで区別している。店の宣伝コピーは「健寿の贈り物　赤パンツ」「赤の力で元気と幸福をお届けします」。赤色は健康のシンボルで身につけると元気になるという。

マルジは地蔵通り商店街に四店舗を構えるが、そのうちの一店は「赤パンツ専門店」になっているほどで、人気のほどがうかがえる。店をのぞいてみたら、この商店街のイメージキャラクター「すがもん」や店のキャラクター「若ガエル」などのワンポイントが入った赤パンツが所狭しと並んでいて圧倒される。巣鴨にやって来る元気なおばあちゃんを象徴するような商品だ。

天才棋士と文豪の墓

地蔵通り商店街を抜けると、庚申塚に出る。いまは猿田彦大神の小さな祠《ほこら》があるだけだが、江戸時代には大層にぎわった名所だったようだ。境内に掲げられている「庚申塚由来記」には「庚申塚は中山道板橋宿の一つ手前の立場《たてば》として上り、下りの旅人の往来が激しく、休息所としてにぎわい、簡単な茶店もあり、人足や馬の世話もした。広重の絵にも描かれ、江戸名所図絵で見ると、茶屋に人が休み、人足の奪い合いをしている旅人もいる」という内容のことが書かれている。

白山通りを渡って、本妙寺に向かう。「徳栄山」の額が掛かった山門前に「史跡遠山金四郎景元之墓」と書かれた木の標識が立っていた。遠山金四郎景元はもちろん、映画やテレビドラマでおなじみの名奉行、遠山の金さんである。

　山門をくぐって、遠山の金さんの墓を探したが、すぐに見つからず、うろうろ歩き回るうち、天野宗歩の墓が目に入った。天野宗歩は、一般にはなじみが薄い名前かもしれないが、将棋好きにとっては神様のような人物である。

　宗歩は、江戸時代後期に活躍した棋士で、大橋、伊藤両家のような将棋家元の出身ではなかったため、名人にはなれず段位は七段どまりだったが、実力十三段と崇められ、のちに棋聖と呼ばれるようになった。百五十年以上たった今でも、棋譜を集めた本が出版されているほどだ。対伊藤宗印戦の棋譜を僕も並べてみたことがある。宗歩が指した1八角を「遠見の名角」と呼ぶ対局だが、当方の棋力では、その名手の意味がいまひとつ分からなかった。

　宗歩の墓は、将棋の駒の形をしている。以前、升田幸三元名人の墓に参ったことがあるが、同じように駒の形をしていたのを思い出した。僕もへぼながら、十代のころから三十年以上将棋を指してきた身なので、棋聖の墓に手を合わせ、「将棋が強くなりますように」とちゃっかりお願いをしておいた。

　遠山の金さんの墓に参って、寺を出ようとしたとき、「本因坊歴代の墓」と書かれた日本棋院の説明板があるのに気付いた。囲碁は将棋ほど詳しくないが、本因坊道策や丈和、川端康成の小説「名人」に描かれた秀哉の名ぐらいは知っている。

説明板の裏手をのぞいたら、二十一世本因坊秀哉の墓を中心にして、四世道策や十二世丈和ら歴代十七人の本因坊の墓が並んでいる。面白いことに、道策や秀哉らの墓石の上には白黒の碁石が置かれていた。先ほど、天野宗歩の墓に僕が棋力向上を願ったように、碁の上達を祈願しに訪れる人がいるのだろう。

本妙寺には秀哉ら歴代本因坊の墓が並ぶ

説明板に「秀哉忌」のことが書かれていた。秀哉は一九四〇（昭和十五）年一月十八日、六十五歳で病没したが、毎年、この命日に門人が集まり秀哉忌の法要が営まれてきた。現在は日本棋院が主宰し、本因坊のタイトルを持つ棋士が祭主を務め、法要を執り行っているという。いままで知らなかったが、ここ本妙寺は、将棋や囲碁の愛好者にとっては、一種の聖地とも言える場所だったのだ。

本妙寺を出て、近くの慈眼寺を訪れた。この寺には芥川龍之介の墓がある。案内表示に従って墓所に行くと、芥川家と芥川龍之介の墓が二つ並んでいる。芥川家の墓はごく普通の縦長だが、龍之介の墓は正方形の立方体に近い形でずんぐりしている。龍之介の遺言により、愛用した座布団と同じ寸法で造られたからだという。芥川家の墓誌には、龍之介の長男で俳優の比呂志氏の名前もあった。

芥川龍之介の墓の手前に、「谷崎」と台座に太く刻まれた墓がある。周りを神社の玉垣のようなものですっぽり囲われ、木も生い茂っているので見えにくいが、樹木の間からのぞくと、その谷崎家の墓のわきに、「故　谷崎潤一郎」の文字がある、ひとまわり小さな墓が見えた。芥川龍之介の墓とは対照的に、何の案内表示もないが、文豪谷崎の墓に間違いない。玉垣の入り口には鉄製の扉があり、しっかりと南京錠がかけられていた。親類縁者が参るときはどうするのだろうか。

慈眼寺のすぐわきは染井霊園だ。政治家、軍人、文人など著名人の墓が数多くあるが、僕は墓参りを趣味にする「墓マイラー」ではないので、すべてを見て回るつもりはない。高村光太郎、智恵子夫妻と二葉亭四迷の墓に絞って訪れようと思っている。

高村光太郎の墓を探して歩いていると、墓石のわきや塀の上で眠っている猫に出くわす。どの猫も栄養が行き届いていて、毛艶もいい。そう言えば、谷中にもやたらと猫がいる。霊園というのは、この小動物にとって住みやすい場所なのだろうか。

谷中の猫グッズ店には「猫町巡りマップ」が置いてある。谷中のどの辺りに猫がいるかを示した手書きの地図だ。僕も一枚手に入れ、猫を探しに谷中を歩き回り、最後は「夕焼けだんだん」上の空き地で、集まった猫たちと一緒に夕日を眺めたことがある。

長崎にいたころは、龍馬の亀山社中があった伊良林という地区までよく歩いて行った。この辺りの駐車場や階段のわきなどで、ひなたぼっこしている猫を見るためだ。人慣れしていたので、おそらく地域猫として、地元の人が面倒を見ていたのだろう。

僕は、気持ちよさそうに眠っている猫を見るのが好きだ。染井霊園でも、眠り猫に見とれているうち、あくせくと墓探しをするのが馬鹿らしくなって、やめてしまった。

2つの名園

染井通りを歩いて、駒込駅の南に出た。都内の名庭園のひとつ、六義園に入る。ここは、徳川五代将軍綱吉の側用人だった柳沢吉保の下屋敷だったところで、庭園は吉保自ら設計し、七年の歳月をかけて造成したといわれる。

庭の真ん中に大きな池があり、池の中に島を造って山を築き、池の周囲には散策の道が設けてある。入り口で受け取ったパンフレットには「当園は池をめぐる園路をあるきながら移り変わる景色を楽しめる繊細で温和な日本庭園です」と書かれているが、出汐の湊と名付けられた池端から中の島の妹山・背山を眺めると、紅葉が水面に映え、

池が美しい六義園。柳沢吉保が７年かけて造園した

絶景だった。

和歌に詠まれた名勝の景色を八十八カ所で観ることができるという。園内のあちこちで、スケッチをしている人がいるのもうなずける。東京には徳川家や大名の庭園がいくつもあるが、六義園は最も完成度が高く、気品があるような気がする。

園内を一周すると、ちょっと汗ばむ程度のいい運動になる。近くに住んでいたら、毎日、ここでウオーキングしたくなるだろう。でも入場料が三百円だからもったいないなと思って、入口の売り場を見ると「年間パスポート　一般１２００円、65才以上６００円」の表示があった。千二百円で毎日フリーパスなら安いもんだ。

バラが満開の旧古河庭園

駒込駅の北側にも東京の名園のひとつ、旧古河庭園がある。江戸時代の大名庭園を代表する六義園に対し、旧古河庭園は大正時代の庭園の代表格だ。元は陸奥宗光の別邸だったが、陸奥の次男が古河財閥の養子になった時、古河家の所有になったという。

旧古河庭園は和洋折衷になっていて、北側の丘に洋館を建て、斜面に洋風庭園、低地に日本庭園を配している。

洋館と洋風庭園の設計者は、鹿鳴館やニコライ堂を手がけたことでも知られる英国人建築家ジョサイア・コンドル。洋館は英国貴族の邸宅を模した石造りの建物で、すぐ前にバラ園がある。ちょうど満開で、目だけでなく香りも楽しめた。ひと周りしてみたが、一口にバラと言っても、花の形、色など千差万別だ。でも、シンメトリーに一部の隙なく草花が植えられた洋風庭園にいると、落ち着かなくなるのはなぜだろう。坂を下りて、池や滝がある日本庭園に入ると、ほっとした。

先ほど触れたように、ここは陸奥宗光の別邸。六義園は、明治になってから三菱の創業者岩崎弥太郎の別邸になっていた。明治の政治家、実業家は何と豪勢な暮らしをしていたのか、とあらためて思う。

もう一人の明治の大実業家、渋沢栄一の旧邸を訪ねるため、飛鳥山へ向かう。途中、八幡太郎源義家をまつる平塚神社に参拝した。この神社は、鬱蒼とした木々に覆われ、昼なお暗い長い参道が、妖しい魅力になっている。七五三のお参りに来た家族連れと遭遇した。親に手をひかれた羽織袴姿の男の子がかわいかった。

渋沢栄一は、一八七九（明治十二）年から亡くなる一九三一（昭和六）年まで、飛鳥山公園の一角に邸宅を構えていた。それを記念して建てられた渋沢史料館を見学する。

青淵文庫の華麗なステンドグラス

歩き疲れたせいもあるが、展示を見ていると、頭がくらくらする。何しろ、経営指導などで関係した企業が五百社、福祉や教育など関わった社会事業は六百に上るというのだから……。よく一人の人間でこれだけの仕事量をこなせたものだと感心する。

渋沢の旧邸は、一九四五（昭和二十）年四月の空襲で、ほとんど焼けてしまったが、書庫だった青淵文庫は残っている。ステンドグラスや家紋の柏を様式化したタイルが華麗だ。この建物の前がよく手入れされた芝生の広場になっている。ごろんと寝ころんで空を見上げると気分爽快だ。「さて、どこで一杯やろうか」。庚申塚の近くに、その名も庚申酒場という、古い居酒屋があったことを思い出した。都電で庚申塚に戻ろうと思ったが、確か庚申酒場は、午後七時すぎないと開店しない。それまでの時間を使って、立ち飲み屋で一杯飲《や》ることにした。

「庚申酒場」

飛鳥山を降りて、ＪＲ王子駅に向かう。駅北口近くにある「平澤かまぼこ」がお目当ての店である。その名の通り、かまぼこ屋なのだが、店先の大鍋で、おでんがぐつぐつ煮えている。奥に向かって細長いカウンターが二列あり、このおでんを肴に飲むことができるのだ。

おでん種は当然ながら、この店自家製の練り物が中心。製造所は、赤羽の神谷商店街にあり、そこで揚げたてを売っている。

きょうは、定番のさつま揚やごぼう巻きではなく、ちょっと変わったものにしようと思い、ピリ辛を頼んだ。ピリ辛は、魚のすり身に鷹の爪やカレー粉を練り込んだ逸品。ハンバーグのような色と形のピリ辛を箸で割ると、刻んだ赤い鷹の爪がびっしり入っている。「食べられないお客さんも、たまにいるんですよ」と黒縁メガネをかけた実直そうな主人が話すように、ピリ辛ではなく激辛なのだが、独特のエスニックな味がくせになりそうだ。ビールによく合う。

おでんのほかに、自家製の玉子焼き、焼豚、牛すじ煮込み、マグロの角煮などのつまみもある。牛すじの煮込みを頼むと、主人が「ネギをかけますか？」と聞くので、たっぷりとかけてもらって、二杯目は、北区の地酒「丸眞正宗」のコップ酒にした。辛口ですっきりした飲み口だ。きゅうっと飲み干し、下地ができたところで店を出て、都電に乗った。

「庚申酒場」は、庚申塚の猿田彦大神のすぐ近くにある。引き戸を開けて店に入ると、カウンターの中にいた白髪で小柄なおばあちゃんが「いらっしゃい」。僕がこの日の初客だった。店を切り盛りするのは、八十歳を超えているとおぼしき、このおばあちゃんだけだ。

店内の情景がすごい。壁や柱は煙でいぶされて茶色に変色し、壁土もところどころはがれている。L字の長いカウンターの真ん中辺りに座ったのだが、目の前にある炭火の焼き場の熱で、カウンターも焦げて半分ぐらいが真っ黒になっている。開業して五十年以上というだけあって、歳月を感じさせる。

ビニール張りの椅子は所々破れ、ガムテープで補修してあるが、座面にはレースの敷物があり、清潔だ。カウンター奥の棚には、花が活けてあり、女性らしい気づかいも感じられる。

タンと砂肝を頼むと、カウンターの前で焼き始めた。換気があまりよくないのか、店内にもうもうと煙がたちこめたが、出されたタン、砂肝はどちらも肉厚、新鮮でぷりぷりしていた。飲み物はホッピーにした。カウンターの所々に宝焼酎の一升瓶が置いてあり、受け皿に置いたショットグラスに焼酎を注いで、ホッピーグラスに入れてくれる。

おばあちゃんは話し好きで、新聞を良く読んでいるらしく「イギリスの番組で二重被爆者をお笑いの対象にしたなんて、許せないね」なんて、時事問題をひょいと話したりする。僕が荒川区に住んでいると言うと、自ずと都電の話になった。

「私たちは都電じゃなくて、王電って言ってたんですよ。王子電車。三ノ輪の先、浅草まで路線を延ばしてくれればいいのにねえ」と言うので、僕もうなずいた。いつも、三ノ輪から浅草へ行くのにバスしか交通手段がなく、どうにかならないかと思っているからだ。

おばあちゃんと話し込んでいるうちに、近所の若いお兄さんやオヤジさん連中がぽつりぽつりと入って、カウンターが半分ぐらい埋まった。こういう店ではよくあるように、壁の上の方にテレビが取り付けてあり、放映していた歌番組のナツメロの話で、カウンターの客同士がわいわいと盛り上がった。

ホッピーのナカ（焼酎のお代わり）を飲んだ後、煮込みを頼んで、焼酎のうこん茶割りに代えた。今夜はこの辺りが潮時か。勘定を済ませて店を出ると、すぐ近くの停留場から都電の三ノ輪橋行きに乗った。ほろ酔い加減でチンチン電車に揺られながら、家《うち》に向かうのは、何とも気分がいいものだ。

さらに足をのばして㉟

まるよし（赤羽）

これぞ駅前の大衆酒場

表の古びたショーウインドーに、ビールや酒とともにカレーライスのサンプルも並んでいる。まるで地方都市の駅前食堂のようだが、暖簾をくぐって中に入ると、これぞ大衆酒場という光景が広がっている。

コの字というよりヘアピンに近い、長いカウンターが奥の調理場に向かって伸びている。ヘアピンがちょうどカーブしている辺りで、もつ焼きの煙がもうもうと上がり、その向こうには生ビールのサーバーが見える。狭いカウンターの内側をジョッキや料理の皿を持ったおねえさん方が、忙しそうに行き交っている。

いすに腰を下ろして「取りあえず」と、ビールを頼む。懐かしいサッポロのラガービールが出てきた。町の酒屋には置いていない。昔から取引のある店だけに卸している逸品だ。いまどきのビールと違ってホップの苦味が効き、のどに染みる旨さがある。

両側の壁を埋め尽くした「品書き」。何を食べようか迷っていたら、主人の荻原吉

武さん（74）が助け舟を出してくれた。「うちのおすすめは、もつ焼きとにこみ。それから、串かつ、玉葱フライ、きゃべ玉、ですかね」

きゃべ玉はその名の通り、キャベツと玉子を炒めた品。店の人気ナンバーワンだ。大きな皿にキャベツがたっぷり盛られて出てくる。もつ焼きやにこみと一緒に頼むと、栄養のバランスも取れそうだ。玉葱フライも文句なし。わずか二百円だが、キャベツの千切りもついてボリュームたっぷり。これだけで、ビール、チューハイが進む。

「ことしで、店を始めてから五十三年目になります」と荻原さん。半世紀以上、赤羽で愛されてきた名酒場。この日も午後五時すぎには、カウンターや奥の三つのテーブル席はほぼ埋まり、一日の疲れを癒やす、男たちの声が店内にこだましていた。

（二〇〇六年六月）

金ちゃん（練馬）

値段据え置きのもつ焼き店

西武池袋線練馬駅の南口には、昭和の匂いがする、どこか懐かしい商店街がある。再開発で整然とした北口とは対照的に、狭い路地に八百屋、蕎麦屋、寿司屋、薬局などが軒を連ねている。十一月には酉の市で賑わう大鳥神社が中心にあるので、その名も「おとり様商店会」。

午後五時、この商店街の一角にある店に、「もつやき」と書かれた大きな赤いちょうちんが灯り、開けはなったガラス戸から香ばしい煙が流れ出てくる。その煙に誘われるように、開店を待ちかねた呑んべえたちが次々に暖簾をくぐり、あっという間に、コの字のカウンターは埋まってしまう。

店名は主人の萬田金太郎さん（69）の愛称に由来する。愛媛県出身の萬田さんは日大法学部を卒業後、数年間、会社勤めをしていたが、上司とけんかをしたのを機に辞め、東京五輪のあった一九六四（昭和三十九）年に開業した。「大学時代に中央線沿線

のもつ焼き屋でバイトをしていたので、最初からこの仕事は板に付いていましたね」
開店当時の値段表が額に入れて飾られていた。サッポロラガービール大瓶百三十円、一級酒九十円、二級酒五十五円……。「焼酎が一杯三十円で、タンやレバーなど赤もつが一串十円、白もつは一本五円でした」。それから四十二年。もちろん値段は上がったが、もつは一本八十円、とんそく二百五十円、もろきゅう百五十円と、いまでも驚くべき安さだ。

「値段を上げなくても儲かるので、長い間、据え置いたままです」と、さらりと言う。もつ焼きはたれで決まるというのが萬田さんの持論。秘伝のたれは開店以来、継ぎ足してきたものだという。
「たれには甘さだけでなく程良い辛さが必要。甘いなあと思うようでは、肉が死んでしまう」。注文したもつ焼きを頬張ると、たれはべたつかずサッパリとして肉の旨みを見事に引き出していた。こうしたこだわりが人気店を支えてきたのだろう。

（二〇〇六年十二月）

酒食処いち（池袋）

佐渡の新鮮な魚と地酒

「冬だ、魚だ、日本海だ！」と、興奮して叫ぶこともないが、寒い季節になると、日本海の荒波にもまれ、脂がのった魚で一杯やりたくなる。寒ブリの富山県・氷見や越前ガニの福井県・三国など、日本海側には海の幸で知られた土地は数多いが、この店の主人菊池市春さん（59）は「全国を食べ歩いたけれど、ふるさと佐渡島の魚が一番旨い。店を開いたのも、佐渡の魚を食べてもらいたかったから」と話す。

毎日、佐渡の新鮮な魚介類が、菊池さんの義兄が船頭をしている漁船と両津の魚市場から直送されてくる。「日によって送られてくる魚の種類が違うので、店で出す刺身や料理も毎日変わります」。冬場は、あんこう鍋が中心になる。

菊池さんは医療機器メーカーに勤めていたが、五十歳になったのを機に脱サラを決意。知り合いの居酒屋で六カ月間、米のとぎ方やだしの取り方から魚の捌きまで修業したあと、店名にちなんで「いち（一）」がずらりと並ぶ、平成十一年十一月一日に開店した。

佐渡の名物、とんびやイカの子を使った逸品が珍しい。とんびはイカのくちばしの部分。唐揚を食べてみたら、ぷりぷりした歯応えが素晴らしい。イカの子は、卵巣や白子などの内臓を指す。煮物にすると、何ともいえない滋味がある。

酒はすべて地元、北雪酒造の産。米焼酎の「つんぶり」は、辛口の大吟醸酒のような味で、オンザロックでぐいぐい飲める。ほとんどの客が注文するというのもうなずける。

味噌、塩、醤油もすべて佐渡島産。醤油は東京では一般的な千葉県の大手メーカーのものより少し甘めで、白身の刺身の味を引き立てる。「佐渡の魚は、佐渡の調味料で食べてもらいたいから、取り寄せています」。このこだわりがたまらない。佐渡島に行くより、この店の方が佐渡島の旨いものが食べられる、という菊池さんの言葉に納得だ。

（二〇〇七年一月）

さらに足をのばして㊳

鏑屋（大山）

客の熱気が満ちる人気店

開店と同時に入った。ビールを飲み終わってホッピーに切り替えたころだろうか。気がつけば、八つのテーブルもカウンターも、ほぼ埋まっている。わずか三十分で、静かな店内は、客の熱気に満ちた空間に変わる。大山で一、二を争う人気店だというのを実感した。店名は、主人の興本照男さん（53）の故郷、群馬県下仁田町の中心を流れる鏑川からとったのだという。

「いくさの合図に射る鏑矢っていうのがありますよね。店を始めるとき、これから（居酒屋の）戦いに打って出るという意味も込めて鏑屋にしたんです」。興本さんは澄んだ目をして、どこか青年の面影も残している。もつ焼きチェーンとして知られる「加賀屋」のときわ台店で、肉の処理を学び店長も務め、十五年前に店を開いた。

「この周辺を食べ歩いてみたら、もつ焼きの良い店がなかったんです。もつは鶏よりも大衆的で味もバラエティーに富んでいるので、これでいこうと思いました」

一番の人気は煮込みだ。味噌仕立てで豆腐を半丁入れるのは、加賀屋の伝統を受け継いでいるが、店独自の工夫も加えている。客は、コチジャンベースの辛味噌を追加注文して、小辛、中辛、大辛の三種類の味に変えることができるのだ。汁が赤く染まって辛みが増すと、いま流行の豆腐チゲ鍋のようになる。この煮込みは、なんと持ち帰りも可能だ。

コーンのかき揚げがオリジナルの名物。スイートコーンに粉をまぶしてフライにしただけのつまみだが、ケチャップをつけて食べると、ビールやサワーにぴったり合う。

髪を短く刈り、キリリとねじり鉢巻きをした興本さんの姿のように、店内は掃除がゆき届いて清潔。気持ちがいい。上着を掛けるハンガーが壁にあるのもうれしい。もろきゅうを頼むと、包丁で細工をしたキュウリが花のように盛られ、普通の味噌ともろみの二種類が皿についてきた。こんな、ちょっとした気配りが呑んべえにはうれしいものだ。

（二〇〇七年三月）

さらに足をのばして㊴

小石川かとう（小石川）

触れ合いを大切にする〝大人の居酒屋〟

　車が行き交う大通りに面した雑居ビル。地下一階の店に入ると一転、都会の喧噪は消え、静かな空間が広がる。内装の基調はオフホワイト。カウンターや椅子も薄い茶色の木を使っていて、清潔な明るさがある。

「最近のチェーン店は薄暗いところが多いので、自分の店を出すときには明るくしようと思ったんです」と、主人の加藤竜也さんは話す。

　チェーン店は個室を増やし、グループだけで飲食できるようにする傾向があるが、加藤さんは逆に十席あるカウンターを重視する。「自分の目が届くし、お客さんとの触れ合いもあるので好きですね。自分たちだけの世界にこもるような店にはしたくないです」

　実家が練馬区の中華料理店だったので幼いころから調理場に入り、「門前の小僧」で料理を覚えた。長じて、柳橋の割烹で十年修業、自前の店を持った。

目指すのは〝大人の居酒屋〟だ。五十代以上の熟年世代が、ゆっくりと食事や酒を楽しめる店にしたいという。新鮮な魚介類の刺身や焼き物はもちろん美味だが、この店では旬の野菜を使った逸品も味わいたい。

この日は、新筍、タコ柔らか煮、よもぎ麩、フキの「たき合わせ」、山ウド、コゴミ、タラの芽などの「春やさい天ぷら」、九条ねぎ、イカ、揚げの「酢みそ和え」が出た。

「余計なことをやらず、和食という殻を守った料理をつくりたい」

芋、麦だけでなく、黒糖、そば、と焼酎の種類は豊富。酒も充実している。加藤さんのお薦めは、青森県の大吟醸「酔《すい》」。米の旨味が効いた酒で、店の料理にぴったりだった。

（二〇〇八年五月）

蕎麦人　弁慶（護国寺）

多彩な料理と酒を蕎麦で締める

芸能人、映画人、読書人……。この世には実にいろんな人がいる。だから、蕎麦が好きで堪らない蕎麦人という人種がいても不思議ではない。この店の総料理長、巴芳則さんもその一人だ。「ここを任された三年半前から、昼も夜も毎日蕎麦を食べても飽きません。いまや完全な蕎麦中（毒）です」と笑う。

その飽きない蕎麦は量がたっぷり。箸で二、三回たぐっただけで終わり、という老舗に不満を持つ人も満足できるはずだ。高知産の鰹節をふんだんに使ったつゆは強い味。

「強いというのは、だしも醤油も濃いが、甘ったるさが口に残らず、切れがあるんです」

巴さんは椿山荘で二十年間包丁を握り、ロサンゼルスの日本総領事館で総料理長を務めただけに、出す料理の数は七十種類を超える。

牛アキレス腱煮込みは、七、八時間煮て柔らかくしたアキレス腱を一口大に切って、だしで味付けした逸品。コラーゲンたっぷりで女性に人気だ。マグロのほお肉をフライにした弁慶ステーキ・カツは、美味でヘルシー。串揚げ類は、衣に蕎麦粉を使っているのでさくっとした食感を楽しめる。

福島県相馬港から鮮魚を直送。冬季は、ハタ、クエ、ドンコ（エゾアイナメ）などがお薦めだ。ドンコは刺身に良し、鍋に良し。肝が絶品という。旨い肴に合わせるのは、各地の地酒と焼酎。蕎麦湯割りの焼酎を飲めるのがうれしい。

もちろん締めは盛り蕎麦だが、薬味にもこだわりが。「ネギはよく研いだ包丁で刻みたい。水っぽくならないし、つやもいいから」。この料理にかける情熱が、人気の秘訣に違いない。

（二〇〇九年二月）

580
Enjoy
Coca-Cola
Coke

食べない人

酒を飲み始めた大学生のころは、金がないこともあって、肴はほとんど頼まなかった。煮込みを眺めながら、ひたすら酔っぱらうために安酒や焼酎を流し込む、という飲み方だった。早い話が、つまみに回す金があれば酒にまわすというわけである。

社会人になってしばらくして、仕事先の先輩と飲んでいたら「おい、そんな飲み方をしていたら早死にするぞ」と言われた。冗談だろうと思い、先輩の顔を見たら、真剣な表情なので驚いた。「食べないし、ピッチも早い。ただ酔うためだけに飲んでるみたいで品もないぞ」

その先輩は、飲むのも好きだが、それ以上に食うのが好きだった。大阪でいうところの「うまいもん好き」、いまのことばでいうなら「グルメ」というのだろうか、刺身ならここ、おでんはそこ、焼き肉はあそこ、というようにとにかく店をよく知っていた。

僕も、このグルメの先輩にくっついて飲み歩くうち、だんだん舌が肥えてきた。飲むときには、肴もいろいろ頼み、食べるようになった。それに伴い、飲むピッチもゆっくりになって、翌朝、ゲーゲーと吐くこともなくなった。いわゆる大人の飲み方ができるようになったのだ。いまでも、この先輩には感謝している。あのまま、馬鹿な飲み方を続けていたら、どこかでぶっ倒れていただろう。

拙著『下町酒場巡礼』の相棒、平岡海人と宮前栄は、僕と違って、飲み始めたころから大食漢だったという。とくに平岡は、飲むより食べる方が明らかに好きで、包丁を握らせてもプロ級、自宅でよく料理をつくる。宮前も、築地の魚市場に早朝、買い出しに出かけ、家で鍋を仕立てるということなどザラで、旅行に行くと、その土地の珍味を必ず買ってくる。僕にはこうした食い物への情熱はない。

平岡は自称もつ焼き研究家、宮前は新鮮な魚介類を求め湘南の海近くに引っ越したほどの魚食いだ。この二人と飲み歩くようになったので、ますます、「飲み」より「食い」に走るようになった。おかげ（?）で一時は、体重がかなり増えてしまった（ちなみに、平岡、宮前とも巨漢である）。

そうやって、食べかつ飲んでいたが、いつしか、胃がもたれるようになってきた。もともと、両人のようなアイアン・ストマックを持ち合わせていなかったのだろう。四十歳を過ぎてからは、無性にあっさりした肴が恋しくなってきた。

冷や奴、塩辛、シラスおろし、はんぺん……。こんな肴でチビチビと酒を飲むのが性にあっているのが分かってきた。学生のころのように何も食べないわけではなく、かといってたらふく食って飲んでというわけでもない。腹にたまらないつまみで、ゆっくりとやる。いまは、これがいい。そば屋で飲むのが好きなのも、要するに、焼き海苔、そば味噌などの肴が気に入っているからにほかならない。

先日、拙著の担当編集者、堀内恭さんと平井で飲んだ。一軒目は、読者からメールで教えてもらった店で、おかみがつくる料理が自慢のところという。「それならば」と、堀内さんも僕も、いろいろ頼もうかと思ったが、いざ飲み出すと、ほとんど食べない。結局、刺身一品と枝豆、おしんこで、ビール、焼酎を二、三杯飲み、ほろ酔いで店を出た。おかみは、気のせいか不満そうだった。

飲み足らなかったので、続いて「豊田屋」に行った。堀内さんは、持病のかいようのせいもあり、ほとんど食べる気はないようだった。こちらも酒で腹が膨れている。それで、結局頼んだのが、奴とシラスおろしの二品。これで、看板近くまで飲んだ。

また某夜は、酒友の梅さんと、そのまた友人で民間企業課長のMさんと三人で田端で飲んだ。一軒目は、立ち飲みの「三楽」。梅さんも大して食べないが、Mさんはさらに上をいってまったくといっていいほど食べない。生ビールを頼み飲み出したのだが、二人ともつまみを頼む気配がない。仕方がないので、僕がおでん一皿を注文した。

ビールのあと、酎ハイを何杯か飲んだが、結局、おでんが少し残ってしまった。

そこを出て「神谷酒場」に河岸をかえたが、ここでは突き出しの小皿に入った柿の種で三人ともぐいぐい電気ブランのソーダ割りをを飲み出した。梅さんと僕は途中、おしんことコロッケを頼んだが、Mさんはまったく手をつけない。「いつも食べないんですか?」と聞くと、「そうですね、飲むときはほとんど食べない」と答えた。「でも、飲み終わって、お茶漬けやラーメンとか、食べるでしょう?」と尋ねると、「いや、何も食べないいね」とぼそりと言った。

山口瞳の好著「酒呑みの自己弁護」に、「食べない人」というコラムがある。〈酒を飲むときに、まるきり何も食べない人がいる。私はそういう人を何人も知っているが、そのなかでの、いわば最強者の話をしよう。彼をかりにKさんと名づける〉と山口瞳は書く。

このKさん、とにかく飲むときに何も食べない。酒場の女主人も心得ていて、Kさんの前には何も置かない。まわりがKさんの口を割ってでも何か食べさせようとすることがあった。Kさんは「いいよ、いいよ。そこへ置いといてくれよ、食べるから」と言うのだが、決して箸をつけようとしなかったという。

山口瞳は、Kさんを「食べない人」の最強者といっているが、Kさんは昼食にはカレーライスを食べていたという。僕が文献で読み知っている中で、最も食べないで飲んだ人は奥田美穂氏である。

奥田氏は、ビタミンB1を発見し、文化勲章を受けた学者の鈴木梅太郎の弟子で、国税庁醸造試験所の技師だった。醸造試験所だから、酒の研究をしていたわけだが、奥田氏は日本酒しか摂らず生きた人、と言われた。奥田氏と同じころに、醸造試験所にいた同僚によると、奥田氏は朝、昼、晩と何を出されても料理はまったく食べず、食事ごとに二、三合の酒をうまそうに飲んでいたという。

結婚して、妻が「お酒だけでは体によくないでしょう」と心配すると、「おれは一年のうちに三回だけ食事をとればいい」と言って決して食べなかった。それ以来、妻も半ばあきらめていたが、ある日、妻のたっての頼みで、奥田氏も承知して、夕食にご飯を一膳だけ食べたところ、夜になって吐き気がして、消化しないままのご飯を吐き出した。

心配そうな妻に対し、「おれは無理にご飯を食べると、このように何時間たっても消化されないから、これからはすすめないでくれ」と言って、以降、再び食事をとらなかったという。

（二〇〇一年十一月）

第七章　ちょっと文化の薫り

文士と画家が愛した町　落合から中野へ

林芙美子が、終《つい》の栖《すみか》とした旧居を訪れることにした。

西武新宿線の中井駅を降りて西の方に歩いていくと、落合台地の南側が妙正寺川に向かって滑り落ちるような斜面になっていて、一の坂から八の坂まで並んでいる。その駅側から四番目、つまり四の坂を上って行くと、左手に数寄屋造りの邸宅が見えてくる。ここが現在、新宿区立の林芙美子記念館として一般公開されている旧居である。

何しろ「放浪記」の作者なので、福岡県の門司で生まれてから、下関、長崎、鹿児島、尾道と西日本各地を点々とし、上京してからも、セルロイド工場の女工やカフェの女給など職が変わるたびに、住居もめまぐるしく変わっている。そんな林芙美子が、初めて土地を購入して建てた家が、一九四一（昭和十六）年八月から一九五一（昭和二十六）年六月二十八日に亡くなるまで十年間住んだこの邸《やしき》だ。

風吹き抜ける家

初めての、恐らく最後になるはずの自宅を建てるのだから、林芙美子の意気込みも並大抵ではなかった。

一九三九（昭和十四）年暮れ、淀橋区下落合（現・新宿区中井）の借家に住んでいた林芙美子は、近所に三百坪の土地を購入したが、すぐに自宅建築に着手したわけではない。資金が足りなかったということもあるが、約一年間かけて、建築に関する参考書を二百冊近くも買い求め、材木や瓦、大工について知識を深めたうえで、自分なりの家の設計図まで作ってしまった。

林芙美子記念館のパンフレットに載っている「家をつくるにあたって」という文章には次のように書かれている。

〈まづ、私は自分の家の設計図をつくり、建築家の山口文象氏に敷地のエレヴヱションを見て貰つて、一年あまり、設計図に就いてはねるだけねつて貰つた。東西南北風の吹き抜ける家と云ふのが私の家に対する最も重要な信念であつた。客間には金をかけない事と、茶の間と風呂と厠と台所には、十二分に金をかける事と云ふのが私の考へであつた〉

林芙美子はさらに、設計担当者や大工を連れて京都まで民家や茶室を見学に行き、深川の木場で自ら材木選びをしたという。

林芙美子記念館の門をくぐって敷地内に入ると、桜、カエデ、ザクロ、ツバキなど、さまざまな樹木が植えられた庭に目を奪われる。近くに説明係の新宿区の男性職員がいたので、「この庭は、林芙美子の生前からこんな感じだったんですか」と聞いてみると、「いいえ、実は違うんですよ。生前には、庭一面に孟宗竹が植えられていたんです」と言う。

「いつ、その竹を切ってしまったんですか」

「自宅で営んだ葬儀の前に、孟宗竹を切り払ったということです。夫の緑敏さんが、いまある木を徐々に植えていって庭の形をすっかり変えてしまったんです」

現在、孟宗竹は、庭の片隅に四、五本生えているだけだ。

この男性職員の言葉を聞いて、僕の頭のなかに次のような妄想が浮かんだ。

画家だった緑敏は、一般に知られるような画業を残せず、流行作家となった妻の芙美子の仕事を陰で支え続けたが、内心は不満が渦巻いていた。妻が好み庭一面に植えた孟宗竹も、緑敏の感性には合わず、庭に目をやるたびに嫌な気分になった。いや、図太く長く伸びる竹が、妻そのもののように見え、いつしか自分を抑圧する象徴となっていった。そして、妻の死を機に、孟宗竹も一掃して……。

もちろん、これは根も葉もない思いつきだ。おそらく葬儀に参列する人たちの居場

林芙美子の書斎。生前と同じように原稿用紙、万年筆が置かれている

所をつくるために切り払ったのだろうが、庭一面に孟宗竹というのは、僕ならちょっと敬遠したい。〈東西南北風の吹き抜ける家〉というのだから、竹林が常に風でざわざわと揺らいでいるはずで、何とも落ち着かない。さまざまな樹木や草花が植わった、いまの庭の方が気がずっと休まると思う。もっとも、林芙美子がまっすぐに伸びる竹を好んだというのは、底辺から這い上がった精神力の強さを表しているようで面白い。

僕が、織田作之助の親友だった作家青山光二にインタビューしたとき、林芙美子にまつわる次のような話が出た。

一九四七（昭和二十二）年一月十二日、織田作之助の通夜の後、酒席が設けられ、織田作之助の姉や義兄、織田と長い間同棲し、死に水もとった輪島昭子とともに、作家仲間の林芙美子、太宰治、青山らが出席した。挨拶に立った太宰が、昭子の方を見ながら「この人のことは、僕たちが引き受けようじゃないか、いいだろ」と、青山に同意を求めた。

織田の親戚や昭子が帰った後、林芙美子が太宰と青山の方に向き直り、「あんなこと言ったら、あの子は二、三カ月したら東京へ舞い戻って、わたしのところに転がり込んで来るわよ」と言って怒った。青山は、まさかそんなことはないだろうと思ったが、半年後、昭子が本当に林芙美子邸に転がり込んで来たのを知り、「林さんは若いころから苦労してきたので、人の気持ちがよく分かるんだなあ」と感心したという。

昭子が居候したころ、林芙美子は連載を何本も抱える流行作家だったので、原稿受け取りや執筆依頼のため、新聞社の記者や雑誌社の編集者が朝早くから絶えることなく訪れた。もちろん、FAXもインターネットもなかった時代なので、編集者らは原稿をもらうためには作家の自宅を訪れるしかなかったのだ。昭子は回想録に〈家庭というより仕事場だった。来客がズラリと並んでしまい呼吸のつまるような雰囲気。昼の間はまるで接客業のようだった〉と書いている。

林邸を訪れた記者や編集者が、通されたのが、玄関の右手にある客間である。〈客間には金をかけない事〉と林芙美子が考えていたように、日当たりが悪く、殺風景だ。芙美子のお気に入りのごく親しい記者だけが、掘りごたつがある、奥の茶の間に通されたという。

〈十二分に金をかける事〉とされた風呂と台所も見ることができる。風呂場はタイル張りで、落とし込みの総檜《ひのき》の小さな浴槽がある。中庭に面しているので、風通しが良さそうだ。竹のざわめきも聞こえただろう。

台所は、流しと床が研ぎ出した石でできている。当時としては、最高級の仕様だったに違いない。流しは、背の低い芙美子に合わせて低くつくられているという。

割烹着姿の林芙美子が台所に立ち、包丁で野菜の皮をむいている写真が林芙美子記念館のパンフレットに掲載されていて「旅館の台所で」というキャプションが付いている。料理が得意だったという芙美子は、この写真と同じように、割烹着で旧居の台所にも立ったのだろう。

茶の間や台所、風呂がある母家（生活棟）から中庭を挟んでもう一棟、芙美子の書斎や夫緑敏のアトリエがある離れ（アトリエ棟）が立っている。

書斎は元々、納戸としてつくられた部屋だったが、戦後になって執筆で使用するようになった。生前と同じように、座卓の上に原稿用紙が広げられ、万年筆、インク瓶などが置かれている。傍らにある火鉢が生活感を醸し出している。

森光子主演の舞台「放浪記」を観たとき、ラストは森演じる林芙美子が座卓に突っ伏して眠る（死ぬ？）シーンだったが、舞台装置はこの書斎を忠実に再現したもののようだ。

　記念館の出入り口わきの書庫で、林芙美子の作品の朗読会が開かれ、年配の女性が集まっていた。毎週土曜日に開催しているという。芙美子は生涯に三万枚を超える原稿を書き、二百七十冊以上の本を刊行したが、没後六十年たったいまもなお多くのファンがいることが分かる。

白いアトリエ

林芙美子記念館を出て、中井駅に戻る。駅前の線路脇に「サワディー」というタイ料理屋があったので入ってみた。タイ式屋台のラーメンというのがある。値段も四百九十円とワンコイン以下なので注文する。

　出てきたラーメンは、タイ料理特有の辛さはなく、さっぱりした鶏ガラのスープで、チャーシューのほかに魚のすり身やパクチーが入っている。テーブルにトウガラシや砂糖が置いてあり、両方とも少し加えてみたら、ぐんと旨みが増した。素朴な麺料理で、確かにバンコクの屋台で出そうな品だ。線路わきなので、電車が通るたび、店が揺れるような音が響き、それに負けないようにテレビの音も大音量にしているので、うるさくてしょうがないのだが、その騒々しさが東南アジア的でかえって面白い。

　メニューを見たら、いろんな酒を置いていると分かった。値段にも驚く。サワー百九十円、ハイボール二百九十円、生ビール三百八十円。激安だ。ワインの種類も多い。春巻きやソーセージなどのつまみ類も充実しているようなので、今度は夜飲みに来てみよう。

店を出て、山手通りを北上し新目白通りを渡る。落合第一小学校へと続く急勾配の霞坂を上り、住宅街の細い路地を歩いていくと、中落合の佐伯公園に出た。

ここは、夭折の天才画家佐伯祐三の自宅があった場所だ。現在、佐伯宅の母屋は残っていないが、アトリエは、新宿区立の佐伯祐三アトリエ記念館として公開されている。白い板壁の三角屋根の建物で、北側に大きな採光窓がある。パンフレットには「大正期のアトリエ建築を今に伝える建物」と紹介されているが、確かに「昔の洋画家のアトリエ」といえば、このような白い板壁の建物が、すぐに浮かんでくる。

パンフレットの年譜を見ると、

佐伯祐三のアトリエ。白い板壁と三角屋根が特徴

佐伯と落合との関係がよく分かる。

一九二一（大正十）年、象牙美術商の娘、池田米子と結婚した佐伯祐三は、武蔵野の面影を残すこの地に、アトリエ付きの新居を構えた。翌年には、娘の彌智子が生まれ、近くに住む画家仲間との交流も深める。その後、佐伯は家族とともにフランスに渡り、主にパリの下町の風景を数多く描いたが、二六（大正十五）年に帰国してから、再びフランスに渡航するまでの二年間は、この自宅で過ごし、下落合近郊の風景を数多く描いた。

再びパリに渡った佐伯は「郵便配達夫」「ロシアの少女」「黄色いレストラン」など、代表作となる絵を描くことになるが、肺結核が悪化し、間もなく、パリ郊外の病院で亡くなる。三十歳だった。娘の彌智子も後を追うように六歳で病死したので、米子は二人の遺骨を抱いて帰国。その後、七二（昭和四十七）年に亡くなるまで、このアトリエのある自宅でひとり暮らし、画家としても活動したという。

アトリエの中には、佐伯が制作した連作「下落合風景」のうち十二点が写真パネルで展示されている。描いた場所が分かるように、印が付いた当時の地図も貼られているが、いまとはまったく違う田園や雑木林の風景に見入ってしまった。最晩年（と言っても三十歳前だが）に描いたパリの絵よりも写実的な印象を受ける。

佐伯祐三の生涯と作品を映像やパネルで紹介する展示もあったが、僕は展示を見るよりも、当時のままのアトリエの中に立ち、窓から入る光を浴びながら、部屋の雰囲気を肌で感じる方が楽しかった。ここで、佐伯祐三が絵筆を握り、キャンバスに向かっていたかと思うと、感慨ひとしおだ。

佐伯公園から西武新宿線の下落合駅に出て、新井薬師前駅まで電車に乗った。駅から中野通りを北へ歩くと、哲学堂公園に着く。

哲学堂は、東洋大学の創始者で哲学者の井上円了が全財産を投じて、明治末から大正初頭にかけて建設した精神修養のための公園である。

井上円了は、近代化のためには世間にはびこる迷信を一掃しなければならないと考え、妖怪や怪奇現象について科学的に研究し、『妖怪学講義』などの著作もある。このため、「妖怪博士」「お化け博士」の異名を持つが、円了の思想を具象化したとも言える哲学堂もかなり奇怪な建物群からできている。それも、初めから奇をてらったのではなく、大まじめに考え抜いて建てた結果、奇妙きてれつな建物ができてしまったという感じなのだ。

哲学堂の中核となるのは四聖堂だ。四聖とは、孔子、シャカ、ソクラテス、カントのことを指す。円了は、世界の哲学が東洋と西洋に分かれ、さらに東洋哲学は中国とインドに分かれ、西洋哲学は古代と近世に分かれていると考え、その一つ一つより、代表者を選定したというのだが、孔子とカントを一緒くたにされてもなあ、と首をか

四聖堂には釈迦や孔子を意味する文字が掲げられている

しげてしまう。

哲学堂の建物の内部はふだん非公開だが、僕が訪ねたときは、たまたま秋の公開日に当たっていて、四聖堂の中にも入ることができた。

天井の中央に箱のようなものが吊るしてあり、箱の外側四面に「釋聖」「孔聖」「瑣聖」「韓聖」の文字が揮毫された額が掲げられている。それぞれ、釈迦、孔子、ソクラテス、カントを表している。床の中央には「南無絶對無限尊」と刻まれた石柱が立っていた。円了は、これを唱念塔と呼び、この文を経のように声に出して読んだり、心の中で唱え、精神修養に努めるよう説いたという。

宇宙館は、寺の本堂のような、ごく普通の日本家屋のように見えるが、内部は不思議な構造になっていた。四角い部屋の中に、八畳敷きの部屋が斜めに、入れ子細工のように設けられているのだ。この斜めの部屋は皇国殿と呼ばれ、聖徳太子の立像が安置してある。

外観も、よく見ると、屋根の上に烏帽子が取り付けられていて普通ではない。この烏帽子は、内部に皇国殿があることを示すためにあるというのだが、これも、いまひとつ理由がよく分からない。

この妖怪博士はとにかく、哲学的な用語を建物などの名称に使用するのを好んだようだ。哲理門、聖哲碑、経験坂、概念橋、唯心庭……。現在残っている公園内あらゆる施設に風変わりな名前がつけられている。

オタクビル

哲学堂を出て南に歩き、新井薬師を訪れた。山門があり、本堂、薬師堂、鐘楼がある。ごくありふれた寺の風景

宇宙館の屋根には、烏帽子が取りつけられている

が目にやさしく感じられるのは、ある種の狂気のようなものをはらんだ哲学堂の建物群を見た後だからなのかもしれない。

新井薬師は、昔から眼病にご利益ある寺として信仰されてきた。言い伝えによると、徳川二代将軍秀忠の息女が悪い眼病にかかり、さまざまな寺社で眼病平癒の祈願をしたが、一向に治らなかった。ところが、新井薬師で祈願したところ、たちどころに病が癒えたことから「目の薬師」と呼ばれるようになり、庶民の信仰を集めたという。いまでも「め」を左右対称に書いた「めめ絵馬」や眼病平癒のお守りなどが売られている。

新井薬師から中野のランドマーク、中野ブロードウェイに向かう。途中、早稲田通りまで来て、この近くに、ビンテージギターショップがあったのを思い出し、通りを新宿方向に歩いていくと、雑居ビル二階にある「ギターハウス」が見つかった。ドアを開けると、壁一面にアメリカのギブソン、フェンダーなどの名器がずらりと吊り下げられていて、ギター好きにはたまらない。

エレクトリック・ギターに興味がない人は、古いギターより新品の方が価値が高いと思いがちだが、実は、一九五〇年代、六〇年代につくられたギターは、新品よりも遥かに高い値段が付けられている。例えば、代表的な機種であるフェンダーのストラトキャスターやギブソンのレスポールは、新品なら十数万円で買えるが、五〇年代のビンテージになると、数百万円、ものによっては一千万円を超える希少品もある。「ギターハウス」はレスポールの品揃えの豊富さで有名だ。僕の自宅に、いまあまり弾いていないレスポールが一本ある。一九五四年モデルの復刻版だが、この店で委託販売したらいくらぐらいで売れるのか店長に聞いてみたら、思ったより高値だったので、今度、持ってくることにした。何だか、少し得した気分になった（まだ売ってもいないのだが）。

ギターハウスから歩いてすぐの所に、中野ブロードウェイの入り口がある。ブロードウェイは、ショッピングセンター兼マンションとして一九六六（昭和四十一）年、建設された。地下三階、地上十階建てで、地下一階から四階までは商業施設、五階以上が住宅となっている。

いまでこそ、十階建てのマンションなど珍しくもないが、四十五年前の建設当時は、中野周辺では飛び抜けて高層の建物だった。プールやゴルフ練習場なども備えた高級マンションとして知られ、青島幸男や沢田研二ら有名人が住んでいたこともある。

現在、中野ブロードウェイは、〝オタクビル〟として知られている。古本マンガ、同人誌、アニメセル画、フィギュア、おまけ、コスプレなどの専門店が二階から四階を中心に集まり、それぞれの分野のマニア、オタクたちが連日、詰めかけている。

中野ブロードウェイが、こうしたサブカルチャーの殿堂のようになったのは、三十年ほど前、マンガ専門の古書店「まんだらけ」が開店し、マンガファンやアニメファンらが集まるようになったことがきっかけだと言われている。その後、空き店舗が出るたびに次々と店を増やし、扱う商品もマンガだけでなく、セル画、フィギュア、カード……と増えていった。いまや中野ブロードウェイは「まんだらけだらけ」のような状況になっている。

「まんだらけ」は、中野以外にも、都内は渋谷、秋葉原、池袋に店舗を構え、札幌、宇都宮、名古屋、大阪、福岡の各市にも支店がある。二〇〇〇年には東証マザーズに上場、いまや立派な企業だ。社長の古川益三氏は、雑誌『ガロ』などに作品を発表してきた漫画家である。古川氏がデビューした一九六九（昭和四十四）年ごろ、前後して『ガロ』でデビューした安部慎一、鈴木翁二両氏とともに、ガロ三羽ガラスとも呼ばれていた。

さて、中野ブロードウェイの中に二十店舗以上ある「まんだらけ」のうち、どこに入ろうか。フィギュア、コスプレ、おまけなどの〝濃い〟店は、オタク知識のない初心者には敷居が高いので、三階の古本マンガを扱う「まんだらけ本店」に行ってみた。

店に足を踏み入れると、迷路のように並んだスチール製本棚を埋めつくすマンガ本の数に圧倒され、くらっとする。「本店」には、手塚治虫と藤子不二雄のコーナーはあるが、現在、雑誌に連載している漫画家のコミックがほとんどだ。古本マンガとい

中野ブロードウェイにはフィギュア、おまけなどの店が並ぶ

うより、新古本マンガといったところか。最近はあまりマンガ雑誌を読まないので、ここに並ぶコミックには触手が動かなかった。

続いて、「本店」の向かい側にある「本店2」へ。こちらには、僕の好きな、つげ義春、辰巳ヨシヒロ、永島慎二、花輪和一、根本敬らの作品が並んでいるコーナーがあり、にわかにアドレナリンが湧いてくる。つげ義春の実弟のカルト漫画家、つげ忠男の作品集も十冊ほど棚に並んでいる。普通の古書店では、つげ忠男の漫画にはあまりお目にかかれないので、手にとるとわくわくする。一冊ごと透明フィルムで密封されているので、開いて立ち読みすることはできない。タイトル、装丁を見てどれにするか決める。悩んだ末、「けもの記　つげ忠男漫画傑作集3」を買った。タイトルにひかれた。

すぐに読みたくなって、トイレの個室に入った。僕は、つげ忠男が働いていた血液銀行にやって来る最底辺の売血者を描いた作品に興味があるのだが、どうやら、この本には載っていないようだ。でも、タイトルにもなっている「けもの記」は陰惨でインパクトがある。通り魔のように人を殺した男が、安酒場の女と知り合い、女のパトロンの男を殺し、酒場に火をつけて逃げる。逃亡先でも強盗殺人を重ねる男と女。男は幼いころ、アルコール中毒の父親から凄惨な虐待を受けていた……。と、どこまでいっても暗い話だが、その救いのない暗さが、なぜか心地いい。気がつけば、便座に座って読み切ってしまった。

四階の「マニア館」ものぞいてみた。ここは、昭和三十―四十年代の貸本マンガや雑誌など、いわゆるビンテージものを扱っている。少年雑誌を並べたコーナーで、昭和四十年に発行された「少年画報」を手に取る。僕がそのころ、毎号読んでいたマンガ雑誌だ。フィルムで包装されているので読めないが、表紙の「怪物くん」の絵が懐かしい。一瞬にして子どものころの自分に戻り、ちょっと感傷的になる。

「少年画報」に限らず、この四十―五十年前のビンテージ雑誌は、高いもので数万円するが、これだけの金を出しても、子どものころに読んだ古いマンガ雑誌を買いたい気持ちはよく分かる。

ここ「まんだらけ」中野店の副店長、岩井道氏が書いた『マンガけもの道』がレジわきに積んであったので、買って読んでみた。この本で取り上げたマンガは、すべて店にあるということなので、「まんだらけ」にどんな珍書、奇書があるのか、その一端を知ることができる。タイトルと内容説明はこうだ。

『極道めし』は〈空腹こそ最良のスパイス！　刑務所という制限された空間で迸る味覚描写に刮目せよ！〉。『ひとりぼっちのリン』は〈敵を引き裂き竜巻を起こす！　バイオレンスな超競輪マンガ〉。『イカス奴』は〈貸本マンガのメジャー、「ひばり書房」発の「可愛い悪女シリーズ」のシュールさを見よ〉といった具合だ。

岩井氏は貸本マンガに思い入れがあるようで、ほかにも『尼寺の怪』『猫になりたい』『怪談猫の爪』『やきもち女学生』などの貸本を紹介し〈スキだらけの設定が多い貸本マンガの世界ですが、マンガ集めにハマった人は、たいてい最終的には雑誌か貸本マンガに至るのです〉と書く。何事も極めると、奥が深いものだと感心する。


「川二郎」

中野ブロードウェイをサンモール商店街側に抜けて、すぐ左側の脇道に入る。目指すは、うなぎ串焼きの「川二郎」だ。

焼き鳥でもなく、もつ焼きでもなく、うなぎの串焼きで、無性に酒を飲みたくなることがある。うなぎと言っても、蒲焼きではなく、炭火で焼いた頭や内臓、皮などを肴に燗酒を飲むのである。

新宿思い出横丁の「カブト」や大井町・平和小路の「むら上」も、この手のうなぎ串焼きを出す店だ。

「むら上」にはいっとき、よく通った。立ち食いで、次々に焼かれてカウンターに出される串を適当に選び、皿に盛られた唐辛子をまぶして食べ、コップ酒をあおった。確か、喫煙者は打ちっ放しの床に吸い殻を捨てていたと思うが、とにかく闇市的雰囲気が魅力だったのに、数年前、カウンター、椅子席の普通の居酒屋店になってしまったのが残念だ。

「川二郎」は、グルメ漫画で取り上げられたこともあり、いつも混んでいるが、ちょうど客二人が出て来たので、もぐり込むことができた。

まさか、うなぎ専門店だからというわけでもないだろうが、うなぎの寝床のように細長い店で、カウンターの席に着くと、背中が壁につきそうだ。ガラスで仕切られた目の前の焼き場で、黙々と若い主人が串を焼いている。

串は、ひれ、バラ、えり、八幡巻、短冊、肝、串巻、レバーの八種類あり、このうち六種類選び焼くのを「一通り」と言い、ほとんどの客が最初に頼む。壁にうなぎの解体図のようなものが貼ってあり、部位の説明がある。バラは腹骨、えりは中骨を取って開いた頭、八幡巻はゴボウをうなぎの身で巻いた逸品だ。ひれ、肝、レバーなどはその名の通り。

短冊、バラを除く六本とビールを頼んだ。焼き上がるまで時間があると思い、かるしうむ、という中骨を揚げたつまみをもらって、ビールをぐっと飲み干した。続いて、酒は秋田の新政にした。ぐい呑みグラスに受け皿があるのがうれしい。うなぎの串焼きは、焼き鳥やもつ焼きとはまた違う旨みがあり、辛口の燗酒によく合う。串焼きの次に頼んだ、うなぎの燻製が絶品だった。燻蒸香が濃厚なうなぎの脂と絡みあって、独特の味わいを生んでいる。酒も二杯、三杯とすすむ。

一通り食べ終えて、ほろ酔い加減になったが、もう一軒、行きたい気分だ。どうせなら、洋酒系ではなく、酒が旨い店に行こう。中野駅前の「第二力酒蔵」にするか、それとも、阿佐谷の「可わら」にするか……。こうやって、行きつけの店を頭に思い描くのが、僕のような、はしご派の酒飲みには、えも言われぬ楽しみなのだ。

千草（新宿）

演劇人が集う昭和の酒場

「飲み足りぬとて　気の合いし　朧かな」。新劇界の重鎮だった故中村伸郎の自作の句を記した色紙が、飾られている。ほかにも、橋爪功、三谷昇、唐十郎、渡辺えり子（現・渡辺えり）……。名だたる演劇人のサイン入り色紙がずらりと壁に並ぶ。

主人の真船道朗さん（66）自身が、文学座出身の俳優である。かつてＮＨＫの「おかあさんといっしょ」で、黒柳徹子、愛川欽也らと一緒に声優を務めたので記憶されている方もいるのではないだろうか。現在は新劇を離れ、狂言の大蔵流の「職分」として年間七十回から百回近くも舞台に立つ。

冒頭の洒脱な句をひねった中村伸郎は紀伊國屋ホールで公演があった時など、舞台を終えると、一人でふらりとやって来たという。カウンターで杯を傾ける姿は、小津安二郎の映画のワンシーンのようだったのでは、とつい想像をしてしまう。

文学座で真船さんの一年先輩の個性派俳優、草野大悟も常連だった。「彼とは親友

だったんですが、あんなに早く亡くなるとは……」と真船さん。「最近では、北村和夫さんがよくお見えになっています」

創業は一九三六（昭和十一）年。真船さんの母堂が、店で使っていた名前を店名にした。戦後は焼け跡にバラックを建て、営業を再開した。現在の店舗は、約三十年前に建て直したが、土台は焼け跡時代のままだという。

黒光りしたカウンターが歴史を感じさせる。

マグロとトロロを海苔で巻いた「千草巻」、赤貝のヒモとキュウリを海苔で巻いた「貝ひも巻」が名物。飲み物は何と言ってもホッピーだ。瓶は黒、白の二種類あり、甲類焼酎一八〇CCを割ると、三杯か四杯は飲めるのでお徳である。今どき珍しいサッポロのラガービールも置いている。

チェーン店ばかり目立つ昨今の居酒屋業界。新宿東口界隈も一階から四、五階までチェーン店のビルばかりだ。こういう時代だからこそ、「昭和」の匂いが濃くたちこめる、こんな居酒屋が益々貴重な存在になるのかもしれない。

（二〇〇五年十月）

さらに足をのばして㊷

きよ香（高円寺）

開業50年、沖縄料理店の先駆け

高円寺駅北口の仲通り商店街を入ってすぐ。人とすれ違うのがやっとのような、細い路地の奥に、赤いちょうちんが灯っている。格子戸を引くと、黒光りした柱とL字の長いカウンターが目に飛び込んできた。老舗の沖縄料理店だが、居酒屋といった方がぴったりの風情である。

ここ十年ほどの間に、沖縄料理の店が都内に急増した。一説には五百三十店舗を超すといわれるが、石垣島出身の高橋淳子さん（67）が店を開いた一九六一（昭和三十六）年当時は、わずか数店しかなかったという。「普通の居酒屋で沖縄の料理も出す店とか、琉球舞踊をウリにしている店はあったのですが、ここのように沖縄料理専門店はほとんどなかったようです」。淳子さんの息子で二代目の高橋貫太郎さん（39）はこう話す。

仕事を求め沖縄から東京に出てきた人々が、路地裏のこの小さな店に集まってきた。

本土復帰した一九七二（昭和四十七）年五月以前は「沖縄出身だとは、人前で口にしにくかった」（貫太郎さん）という状況の下、同胞がほっとひと息をつける数少ない場所のひとつが「きよ香」だった。

若い世代を中心とした昨今のヘルシー志向を受け、〝長寿食〟沖縄料理の人気は高まるばかり。ゴーヤーはキュウリや大根と同じように、どこのスーパーにも並んでいるし、ゴーヤーチャンプルーは一般家庭でもごく普通につくられるようになったが、「沖縄のおふくろの味」を標榜するこの店では、あまりお目に掛からない逸品を食べることができる。

ドゥルワカシーは、里芋に似た田芋を肉、野菜とあえたもので、ホクホクした食感を楽しめる。アンダンスーは豚の油味噌、豆腐に載せて食べると旨い。泡盛で仕込んだ梅酒はのどごしが抜群だ。そして、締めは……。もちろん、スープが絶品のソーキそばである。

（二〇〇六年二月）

さらに足をのばして㊸

升で飲む樽の銘酒

樽酒　路傍（中野）

中野駅北口を出てアーケード街を歩くと、中野ブロードウェイにぶつかる。古本漫画、アニメ、フィギュアなどの店が集まり、「サブカルの聖地」とも呼ばれる名物ビルだ。でも、オタク文化に〝萌え〟ないオジサンたちは、ブロードウェイの手前を右折しよう。赤い灯、青い灯が揺れる路地を進むと、居酒屋、バー、スナックが蝟集する「呑んべえの聖地」が広がっている。その一角に、黒塀が特徴の渋い酒場がある。

木の扉を引いて入ると、まず目につくのは、広島県呉市の名酒「千福」の樽だ。主人の関本芳明さん（58）によると、関本さんの母堂がおかみをしていた昭和三十年代から四十年代にかけて、山下清を見いだした医師式場隆三郎や詩人サトウハチローら文化人がよく店に集まった。

CMソング「千福一杯いかがです……」の作詞をしたサトウハチローと連れだって来た千福の社長三宅清兵衛が、樽を置くよう勧めたのだという。「樽に描かれたお多

福の絵が、母の顔に似ていたことも理由のようです」と関本さん。

何はともあれ樽酒だ。一合升になみなみとつがれた酒は、赤穂の天塩とともに出される。肴は、きみの玉手箱を頼んだ。すりおろした山芋と玉子の白身を混ぜて小鍋に盛り、真ん中に黄身を落として蒸し焼きにした逸品。海苔ダレをかけ、スプーンですくって食べると、何とも言えない旨みが口に広がる。

カウンターの途中に小さな炉が切られており、季節の野菜や魚介類を焼き上げてくれる。冷凍やレトルトは一切使わず、注文を受けてから調理するので少々時間がかかるが、樽の香りが鼻をくすぐる酒は天塩だけですいすい飲めるし、関本さんや妻の和栄さんと肩のこらない話をしていると、時は知らぬ間に過ぎていく。

関本さんは、久しぶりに会った旧友に対するように、ごく自然に客に語りかける。それにつられて、客同士の会話も弾んでいく。実は、これが最高の酒の肴なのかもしれない。

（二〇〇七年四月）

さらに足をのばして㊹

東菊（荻窪）

昭和の香り漂う名酒場

ＮＨＫが放送を開始し、映画「君の名は」が封切られ、公衆電話が登場した一九五三（昭和二十八）年。荻窪駅北口の一角に大規模な居酒屋が開店した。一階テーブル席、二階個室、三階大広間を合わせ、満員になると百人もの客で混み合った。料理人を三人、配膳係の女性も十人近く使っていた。

「一年中、毎日が戦争のような忙しさで、てんやわんや。でも楽しかったわね」。ことし八十九歳になる、おかみの奥田千恵子さんが往事を振り返る。

名物酒場は、映画やテレビの撮影でよく使われた。真田広之、鈴木保奈美が主演した一九九四年の映画「ヒーローインタビュー」のロケ地にもなっている。

六年前、店を改装して二階のカウンター席だけに大幅縮小、大衆酒場から洒落た小料理屋の風情に。入り口も六本木辺りのバーを彷彿とさせる造りになったが、出す酒はサッポロラガー、菊正宗、サントリー角瓶と、昭和の香りがするラインナップだ。

「お客さんは改装前から来ている常連さんがほとんどです」。この日も、三十年以上通っている女性が奥田さんと談笑していた。

品書きを見ると、鯵や鰹のタタキ、うなぎ卵とじ、など魚介類が並ぶが、ほとんどの客が頼むのは自家製厚揚げ。豆腐に衣をつけ厨房で揚げた逸品で、できたての熱々に大根おろしをたっぷりつけて食べると堪らない。熱燗にぴったりだ。

でも、メニューにないのはなぜ？「書かなくても、みなさんご存じだから」。おかみを助け、店を切り盛りする相田キヨ子さんがカウンターの内側で笑った。

（二〇〇七年十二月）

＊この古き良き昭和の居酒屋は閉店してしまった。

さらに足をのばして㊺

酒舎　はなや（阿佐谷）

心込めたお番菜で美酒を楽しむ

熱いおしぼりで手をぬぐい、顔に当てると、微《かす》かにミントの香りがした。きついコロンを使うと食事を邪魔する。おしぼりを使った後、わずかに爽やかな残り香を感じるよう気を配っているのだ。こんな、ちょっとした心遣いが店の端々に現れる。

例えば内装。「大正モダン風のインテリアです」と主人の石崎美徳さんが言うように、古い茶箪笥や調度品が置かれているが、ことさら〝レトロ〟を強調してアンティークをごてごてと並べているわけではない。さりげなく浮世絵を掛けたセンスが光る。清潔で広い化粧室は、女性客に配慮したのだろう。

毎日、カウンターの大皿に盛られるお番菜も同じだ。「旬の食材を使って、四季を感じていただけるよう心がけています」。この日は、京芋まんじゅう、自家製海老真丈、銀鱈西京焼などが出た。調理するのは石崎さんの母親、由美さんと女性スタッフ。どれも丁寧に心を込めてつくっていることが分かる。

包丁さばきも鮮やかな板前料理ではなく、芋の煮っ転がしのようなおふくろ料理でもない。質の高い家庭料理が舌に優しい。

お番菜に合わせる酒は石崎さんが選んだ。浪乃音（滋賀）の古壺新酒愛山は抜群のコク。阿部勘（宮城）の特別純米は燗が旨い。開運（静岡）のひやおろしは、仕込み水を〝チェイサー〟にぐいっと飲める。出る料理にどれもぴったりだ。

それもそのはず、石崎さんは、利酒師の資格を持つ。酒の好みが似ているのでうれしくなった。焼酎も種類豊富だが、ぽつりと一言。「和食に合わせるのは、やはり日本酒ですね」

（二〇〇九年一月）

ワサビとシシャモからみたニッポン

いい本マグロが手に入った。早速、秘蔵の吟醸酒で一杯やろうと、冷えたグラスを出し、醤油にワサビを溶かしたところで、またあの不快な言葉を思い出した。

「ワサビは醤油に溶かしたらダメだよ。刺身の上にのせ、下側を醤油につけて食べなきゃ」

このせりふをどれだけ多くの人間から聞かされただろうか。小料理屋や寿司屋の主人から、カウンターで飲んでいた別の客から、自宅の宴会で友人から……。こちらが、箸でつまんだワサビを醤油の小皿に持っていくか、いかないうちに、これらの御仁は眉間にしわ寄せ先ほどのフレーズをのたまうのだ。

こちらが、その理由を聞くと、「当たり前じゃないか。醤油に溶かしたら、せっかくのワサビの香りも味も台無しになってしまうだろう」。多少、文言は違っても一様に、こう答えるのである。

実は、僕もこの意見にはほぼ賛成なのだ。ワサビは醤油と混ざると、辛みやそれ自体の旨みは確かに減少する。だから、ワサビを酒の肴にする時には、僕ももちろん醤油に溶かしたりしない。

ワサビを肴に、と言うと、下戸の人は「そんなもので飲めるの？」と不思議に思われるかもしれないが、これが酒にはよく合う。池波正太郎のエッセイの中に、池波と新国劇の島田正吾が料亭でワサビだけを肴に、ともに一升酒を飲んだエピソードがあったが、僕も、おろしたワサビとワサビの茎を刻んだものが少しあれば、それだけで四合ほど飲める。

それなら、刺身の場合も同じではないか、直接、刺身につけた方がいいのではないか、と言われそうだが、そうではない。刺身を食べるときは当たり前だが、刺身が主で、ワサビは従である。つまり、ワサビの味がする醤油につけた「刺身」を食べたいのであって、醤油をつけた刺身の上にのった「ワサビ」を食べたいのではないのである。

だからと言って、刺身にワサビをじかにつけて食べる人に対して、「醤油に溶かして食べなさい」とは絶対に言わない。こういうことは、嗜好の問題であって、人それぞれ好きなようにやればいいと思っているからだ。

いつごろから、ワサビを刺身に塗りたくるのが正しくて、醤油に溶かすのが間違い、と言われるようになったのだろうか。十年以上前には、だれも言わなかったような気がする。思うに、バブル以降、「一億総グルメ」のようになり、テレビや雑誌などメディアが料理に関する情報を大量に流すようになってからではないだろうか。

とくに、某グルメ漫画が、ワサビをテーマに取り上げ、刺身の食べ方まで〝指南〟した影響が大きかった。この漫画はアニメにもなり、テレビ放映されたので、日本列島隅々まで、これが常識として浸透してしまったようだ。

それにしても、日本人の流行に弱い体質、というより情報に左右される体質は驚くべきものがある。「食」という極めて個人の好みが反映するものでも、「これが正しい」と言われると、それに従うようになり、さらに他人にまでそれを押しつけようとする。

僕が、醤油にワサビを溶かす時は次のようにする。小皿の端っこにワサビを多めにとって、白身を食べるときは、ほんの少しだけ溶かし醤油にもちょっと付ける。トロやブリなど脂が多い刺身には、たくさん溶かしたっぷり付ける。大トロだったら、醤油の色が変わるほど大量に溶かして食べる。その後、また白身が食べたくなれば、小皿を換えてもらえばいいだけの話だ。

どこの小料理屋、寿司屋に行っても、主人が「ワサビを溶かすな」とは言わないものの、心よく思ってない様子がひしひし伝わってくるので、こちらはマリア像をこっそり拝む隠れキリシタンのように、カウンターの隅で、見えないように気をつかって食べているのだが、ある日、千葉県のある小料理屋の親父さんに声をかけられた。

「お客さん、醤油にワサビを溶かしてるねえ」

「えっ、ええ。まあ」

「いいねえ。刺身はやっぱり、そうやって食べないとね」

「！」

「刺身にワサビをじかにつけるのが流行ってるけど、あれじゃ、口に入れた時、刺激が強すぎて刺身の味が分からなくなるもんな」

「!!」

この時のうれしかったこと。思わず、カウンター越しに、親父と握手しようかと思ったほどだ（しなかったけれど）。

シシャモについても同じような〝全体主義〟がみられる。僕は、オスのシシャモ、すなわち子持ちではないシシャモが好きだ。こう言うと、変わった奴だなと思われるかもしれないが、事実である。オスのシシャモを炙《あぶ》ると、じっとりと脂が皮の表面に浮かぶ。脂は、海の魚や淡水の他の魚のそれとも異なる独特の香りがして、嚙めば滋味が口に広がる。

子持ちシシャモも嫌いではないが、全身が卵で膨れ上がって肉はぱさついてうまくない。シシャモといいながら、その実、シシャモの卵を食べているのと同じだ。

オスと子持ちと両方が市場に出回っていれば何も問題はないのだが、生産者や流通関係者が「シシャモでうまいのは子持ちだ。だから日本人はオスのシシャモに目もくれず、子持ちシシャモしか買わないのだ」とでも思っているのか、オスは小売店にめったに置いていない。通販のパンフレットでオスのシシャモを見つけたら、飛びついて買っている。

居酒屋になると、もっとひどい。子持ち以外のシシャモを置いているところはほとんどない。最近では唯一と言ってもいい例外が阿佐谷の酒場「可わら」だった。品書きにシシャモを見つけたので、何も聞かずに頼んでみたら、出されたのは見事、オスだった。主人の稲葉さんは「だって、こっちの方が旨いでしょう」とひと言。この店は知る人ぞ知る名店で、稲葉さんの酒や肴に対する眼力には常々、敬服している。ある時「焼津にすごい居酒屋を見つけた」というので、酔狂にも一緒に新幹線で焼津に行き、その店を訪れたこともあった。

稲葉さんに子持ちでないシシャモを出されたとき「さすが」と思うと同時に、ほかの居酒屋は軒並み「右へならえ」で子持ちシシャモしか置かない現実に、薄ら寒さも覚えた。


（二〇〇〇年一月）

第八章　オシャレな町の片隅で

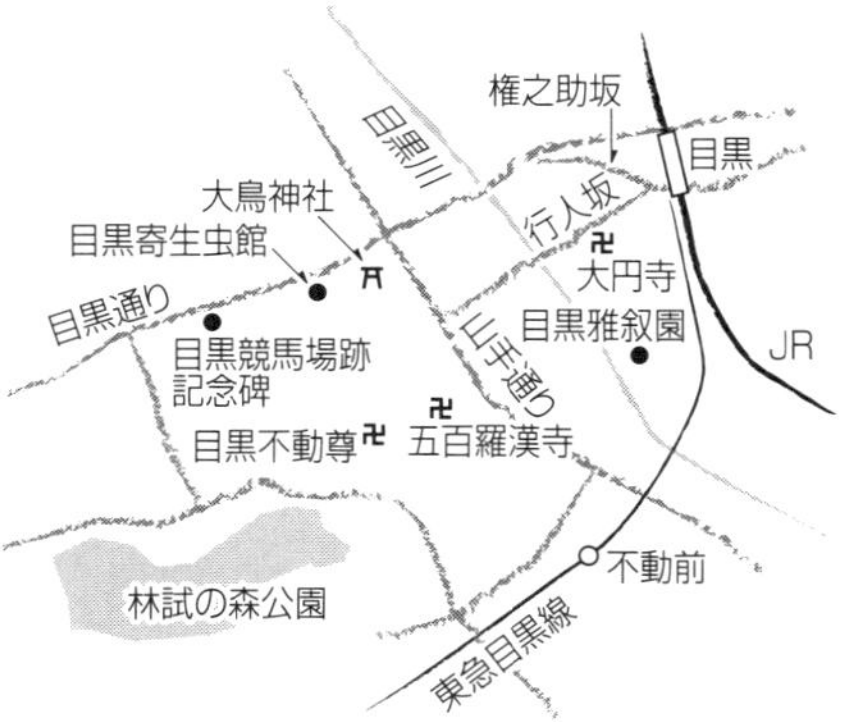

羅漢と競馬と寄生虫　目黒の名所を訪ねて

目黒には、有名な坂が二つある。行人坂と権之助坂だ。目黒駅西口から目黒不動尊へ行くには、どちらの坂を下ってもいいが、きょうは、行人坂を下ってお不動さんにお参りした後、権之助坂を上って目黒駅に戻るつもりだ。ちょうど権之助坂に差しかかるころ、とっぷりと日が暮れ、路地裏に赤ちょうちんが灯っている——というシチュエーションを思い描いている。

江戸大火の寺

歩く前に、いつものように腹ごしらえをしよう。僕はそば好きなので、週に二、三回、昼にそばを食べるが、いつも老舗の手打ちそばを食べるわけではない。最近は、レベルが格段に上がった立ち食いそば屋で済ませることの方が多い。老舗に行くと、どうしても、板わさや焼き海苔で一杯飲みたくなるが、立ち食いそばなら、そのおそれもない。

山手線管内では、神田を中心に展開する「かめや」によく行く。カツオのだしが効いた汁が旨い。かき揚げと温泉玉子が載った「天玉そば」が名物だ。食べ終わるころ、天ぷらと玉子がどろりと汁に溶けている。見た目は悪いが、これをずるっとのみこむのが好きだ。

新橋と浜松町の間にある「そば作」は、麺の量が多いのがうれしい。普通盛りで、他店の大盛りの量がある。最初、事情を知らないで大盛りを頼んだら、食うのに困った。たぶん、一般的な店の二杯分はあると思う。ここは、ゆでたてがウリだ。十人分ぐらいの生そばをゆでて、注文を次々とさばく。立ち食いだが、そば湯もある。

鶯谷駅跨線橋下の「本陣蕎麦」も旨い。ここは、石挽きのそば粉を使った本格的な麺で、へたな手打ちそば屋よりずっとコシがある。むじなそばがあるのもうれしい。油揚げと揚げ玉の両方が入っている、つまり「きつね」と「たぬき」が合体しているので「むじな」と呼ぶ。もっとも、むじなはアナグマの異称なので、分かったようでよく分からないネーミングだが……。東十条にも、むじなそばを出す「そば谷」があり、斎藤酒場などで飲んだ後によく食べた。

目黒駅前の「立喰そば　田舎」は、そばの味よりも店構えにひかれる。カウンターに四、五人並べば一杯になる狭い間口だが、奥行はさらに狭い。カウンターの前に一人がやっと立てるか立てないかというスペースしかないので、客は自ずと半歩ほど歩道に出て食べるような格好になる……。と、こうして、立ち食いそば屋談義ばかり続けていたら、いつまでたっても、町歩きが始まらない。「田舎」で、きつねそばに玉子を落としてもらって、歩道に張り出したひさしの下で一気にかきこんだ。

「田舎」の裏手に回ると、行人坂に出る。その名の通り、行人、すなわち行者が行き来した坂という意味だ。江戸時代の初め、出羽の湯殿山の修験者が坂を切り開き、大日如来をまつった道場を開いたのが行人往来の始まりだという。

行人坂には、江戸時代、富士見茶屋があった。名前の通り、ここから富士山を遠く望むことができたのだろう。この辺りはまた、夕日の岡と呼ばれ、紅葉が夕日に映える江戸の名所だったという。

東京にはいろんな坂があるが、この坂ほど、人通りがあるのに急な坂は珍しい。雨に濡れていたら、下るのが怖いような急勾配である。きょうは雅叙園で結婚式が開かれているのか、着飾った若い女性たちが次々と坂を下っていくが、気のせいかヒールの足許がふらついているように見える。出羽の山伏たちが、修行になると、この急坂に目を付けたのも頷ける。

行者たちの道場は後に、大円寺という天台宗の寺になった。一七七二（明和九）年、この寺の僧が本堂に放火、火は風にあおられ広がり、江戸の町をなめつくした。俗に行人坂火事と呼ばれる大火である。死者・行方不明者は一万八千人以上。明和九年は迷惑年だとして、年号も安永に改められた。振袖火事（明暦の大火）、車町火事（文化の大火）と並び、江戸の三大火事と言われる。火元となった大円寺は、これが災いして、幕末になるまで再建を許されなかった。

大円寺の境内に入ると、左手の斜面に、五百羅漢の石像が張り付いたようにびっしり並んでいる。行人坂火事の犠牲者を供養するためにつくられたと言われている石仏群だ。羅漢たちは、泣いたり、笑ったり、頬杖をついて物思いにふけったりと、どれも表情豊かだ。よく見ると、赤ん坊を抱いた女性の像もあり、はっとする。

大円寺の五百羅漢像。大火の犠牲者供養でつくられた

境内右手の阿弥陀堂には、西運上人の木像がまつられている。西運は、大円寺の隣にあった明王院（現在は雅叙園）の修行僧で、目黒不動と浅草観音に一万日参詣するという念仏行を始め、二十七年かけて成し遂げたと言われる。西運が、鉦《かね》をたたき念仏を唱えながら、目黒と浅草を往復する途中、大勢の江戸市民から寄進を受け、この浄財で行人坂に敷石の道を造り、坂を下ったところを流れる目黒川に太鼓橋を架けたという。それにしても、目黒と浅草間を往復したというのは凄い。いま、電車で往復しても疲れそうだ。

西運は、放火により鈴ヶ森刑場で火刑になった、あの八百屋お七が恋いこがれた寺小姓の吉三《きちざ》の出家後の名であるとも伝えられており、阿弥陀堂には、西運上人像とともに、お七地蔵尊もまつられている。真偽は不明だが、何かと火事に縁のある寺である。

童謡の父

行人坂を下って目黒川の太鼓橋を渡り、山手通りを越えると、もうひとつのラカンさんの寺、五百羅漢寺がある。大円寺の羅漢像が石仏でレリーフなのに対し、この寺の羅漢像は木彫なので、よりリアルな表情で見る者に迫ってくる。仏師松雲元慶が十年の歳月をかけ、五百三十六体の羅漢像を彫り上げ、一六九五（元禄八年）、本所に創建された五百羅漢寺に納めた。現在は、三百五体が残存し、本堂や羅漢堂に安置されている。一体ごとに顔も姿も違う像が並ぶ様は壮観だ。

明治末、五百羅漢寺はこの地に移った後、寺運が傾き、ついには無住となってしまった。羅漢像も風雨にさらされたので、傷みが激しい。元の彩色ははげ落ち、手や顔の一部が欠けているものもあるが、それが仏像の迫力にもなっている。羅漢像には、それぞれ○○尊者という名があり、どういう行者なのか記されているが、右手が欠けた甘露法尊者の説明板には「何もできなくても人の幸福は祈ることができる」と書かれていた。

資料館（聖宝殿）をのぞくと、荒れ寺となった五百羅漢寺を妙照尼ら尼僧が再興したことが説明されていた。妙照尼は、本名安藤照。新橋の花柳界で名を馳せたお鯉という芸者で、首相を三度務めた桂太郎の愛妾としても知られる。桂の死後、カフェや待合の経営者を経て尼僧になったというのだから、数奇な生涯である。

境内に、桜隊原爆殉難碑が立っている。桜隊は戦争末期に結成された移動劇団で、

桜隊原爆殉難碑。広島公演中劇団員全員が被爆して死亡

一九四五（昭和二十）年八月六日、巡演中の広島で被爆、映画「無法松の一生」に出演した園井恵子や丸山定夫ら劇団員九人全員が死亡した。桜隊の座員だった徳川夢声が奔走して一九五二（昭和二十七）年、石碑が建立された。

五百羅漢寺を出ると、目黒不動尊はすぐ目の前だ。正式には、天台宗の泰叡山瀧泉寺という名の寺である。「瀧」や「泉」の文字があるので分かる通り、本堂へ続く石段下に池があり、二体の龍の口から湧水が流れ落ちている。縁起では、慈覚大師円仁が寺地を定めるため、仏具の独鈷《とっこ》を投げたところ、落下した地面から霊泉が湧き出したということから、独鈷の滝と呼ばれる。滝を浴びると病気が治ると伝えられ、江戸時代には庶民の信仰を集めた。富くじの売り場、抽選場としても人を集めたという。

本堂のわきに「さつま芋の先生に感謝いたしましょう　甘藷先生墓参巡路」と書かれた看板があった。青木昆陽の墓がひっそりと立っていた。矢印の方向に進むと、目黒不動裏の墓地に出る。ここに蘭学者、度々、大規模な飢饉が起きたが、昆陽は不作や飢饉に備える作物として薩摩芋（甘藷）を奨励して全国に普及させたことから甘藷先生と呼ばれる。江戸時代には冷害や洪水、火山の噴火などで

墓は質素なつくりで「甘藷先生墓」とだけ刻まれている。昆陽が生前に墓を立て、この文字を彫らせたと伝えられているが、自分のことを「甘藷先生」と呼ぶのはちょっと不自然な気もするが……。

境内には、童謡の父と呼ばれる作曲家本居長世の記念碑もある。代表曲「十五夜お月さん」の譜面と長世の顔が黒御影石に彫られている。碑のわきのケースに、金田一春彦が書いた「童謡の父　本居長世」という冊子が置いてあった。

金田一は、童謡の定義について〈大正の中期に野口雨情・北原白秋・西條八十…といった当時の第一流の詩人が、子供のために詩を作り、本居長世・山田耕作・中山晋平…といった当時の第一流の音楽家が子供のために曲をつけたという芸術品です〉と書く。大正十年、十一年に童謡は黄金時代を迎え、多くの傑作が生まれたが、金田一は〈長世のこの作品が、音楽家たちに刺激を与え、そういう作品を作らせたと解釈します〉と記している。「この作品」は、「十五夜お月さん」のことを指す。

長世の作品ではほかに、「七つの子」「赤い靴」「青い眼の人形」が有名だ。いずれも野口雨情の詩である。長世は目黒不動のすぐ隣に住んでいたという。

競馬場跡と寄生虫館

目黒不動近くの林試の森公園をしばし散策し、北上して目黒通りに出る。通り沿いに目黒競馬場跡の記念碑が立っていた。目黒競馬場は一九〇七（明治四十）年、日露戦争後の軍馬改良の国策に沿って、日本競馬会が開設した。約二十万平方メートルの広さがあり、一九三二（昭和七）年には、第一回の東京優駿（日本ダービー）が開催されるが、近隣の宅地化による地価高騰や競走馬の飲み水確保が困難となったことから、翌年、府中に移転した。

記念碑の上にある馬のブロンズ像は、ダービー馬を多数輩出した種牡馬のトウルヌソル号だ。近くの交差点には「元競馬場」の標識があるが、目黒競馬場の跡地は、すべて宅地や学校になり、遺構はない。しかし、かつてのコースが下目黒四丁目から五丁目周辺の路地として残っているというので、探してみることにした。

元競馬場交差点の南側の路地を入って行くと、右にカーブしている道にぶつかった。車が一台やっと通れるぐらいの道幅で、両側には民家が立ち並んでいるが、これが、かつて競走馬が駆け抜けたコースに違いない。

第一回日本ダービーで優勝したワカタカの気分になって、第一コーナーからバックストレッチにかけて四、五百メートルほど早足で歩いてみた。ちょうど陸上競技場のトラックを半周したのと同じような感覚だ。先ほど、目黒競馬場の遺構はないと言ったが、この湾曲した道路がわずかに往事の雰囲気を伝えている。

元競馬場交差点から大鳥神社に向かって歩いて行くと、右手に目黒寄生虫館があった。六階建てのマンションのような建物なので、最初は気づかず通り過ぎてしまった。寄生虫館という言葉の響きから、江戸川乱歩の小説に出てくる古い洋館のような建物を勝手に想像していたので、ちょっと予想外だったのである。

寄生虫館の中に入って、さらに驚いた。親子連れもいるが、若いカップルがやたらと多いのだ。怖いもの見たさで来るのだろうか。隠れたデートスポットになっているようだ。

入り口のガラス戸に「ようこそ　世界でただ一つの寄生虫の博物館へ」と書かれているが、確かに、寄生虫だけを展示する施設など、ほかに聞いたこともない。

「寄生生活をする動物たち」のパネルを見ると、寄生動物は全動物種の六%、七万種に及ぶという。このうち、人に寄生する回虫、カマキリに寄生するハリガネムシ、クジラに寄生するアニサキスなど三百点の標本が展示されているが、最も目をひくのは、何と言ってもサナダムシの標本だ。長さが八・八メートルもあり、頭部は糸のように細く、途中からひものように幅が広がっている。人の腸粘膜に吸着するのだが、自覚

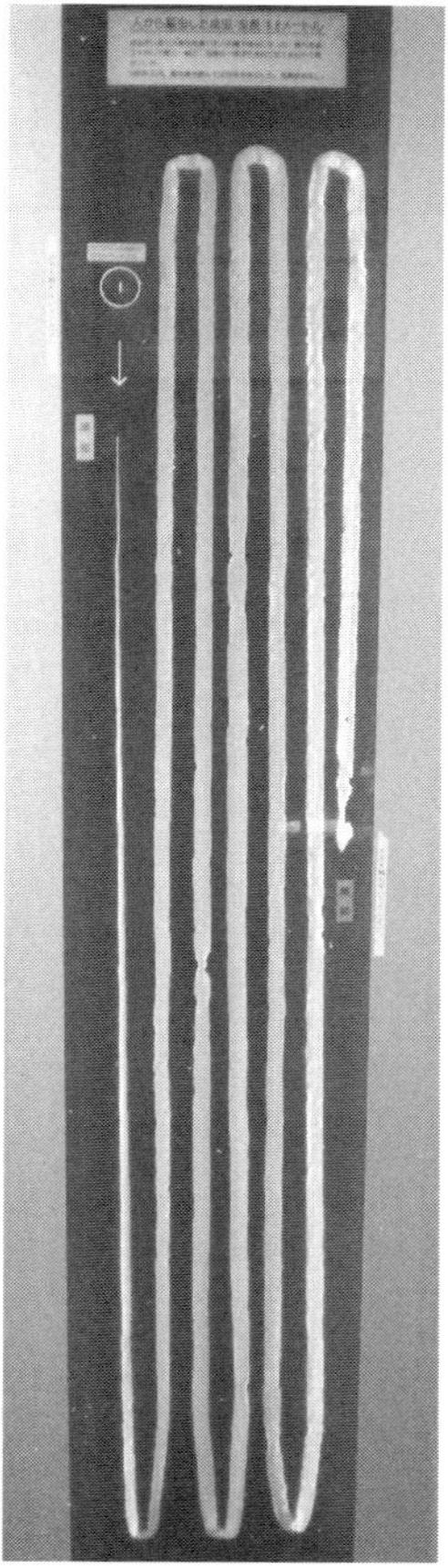

寄生虫館に展示された
サナダムシの標本

症状がない例もあり、排便時に虫の一部が肛門から出てきて気づくという。それにしても、こんな長い虫が人の体内で生息できるとは……。

ミュージアムショップへ行った。カウンターに寄生虫館のガイドブックが積んである。表紙はクジラの胃に寄生するアニサキスの写真だ。ミミズのような形状のアニサキスがうようよ、ぐじゃぐじゃ集まり、胃壁に食らいついている。見ていると、ぞくっとして鳥肌がたってきた。「むしはむしでも　はらのむし通信」という月報も置いている。

Tシャツ、キーホルダー、絵はがき、シールなどのグッズも売っていた。いずれも、寄生虫をプリントしている。Tシャツには、カツオの吸虫、サヨリの鉤頭虫、シーラカンスの単生虫などの図柄がある。なかでも、目立つのが立体サナダムシのTシャツだ。あの長いひものようなものが、布から浮き上がるようにプリントされている。値段は二千九百円。

僕は、カウンターにいる若い女性店員に聞いてみた。

「買う人は、結構いるんですか?」。

「ええ、いらっしゃいますよ」

「一番売れているのは何ですか?」

「立体サナダムシのTシャツです。月に百枚ぐらいは出ますね」

やはり、サナダムシが一番の人気か。「それなら」と、僕もサナダムシの絵はがきを買った。でも、この絵はがき、誰に出す？

ビルの飲み屋横丁

目黒寄生虫館を出て目黒通りを進むと、目黒川に架かる新橋に出た。ここから上流の中目黒駅にかけての川沿いの遊歩道は、桜の名所として知られる。花見をするなら、酔っぱらいがくだを巻いている上野や飛鳥山より、こちらの方が風情があっていい。冬場に落ち葉を踏みしめながら、この道を歩くのも好きだ。

新橋から中目黒と反対側の目黒駅に向かう道が、権之助坂だ。江戸時代、中目黒村の名主だった菅沼権之助が坂名の由来だと言われる。一説には、行人坂が急で村人たちが上り下りに苦労するのを見た菅沼権之助が元禄のころ、新坂を開いたところ、幕府の許可なく工事をしたことが罪に問われ、処刑された。村人たちがその遺徳をしのんで新坂に権之助の名をつけたという。

漫画家滝田ゆうの『下駄の向くまま　新東京百景』（講談社文庫）は、細密なスケッチとエッセイによる町歩きの本だが、その中に「目黒権之助坂懐古酒」という文章がある。

滝田ゆうは、目黒不動にお参りした後、目黒駅から権之助坂を下ってすぐの所を右手に入った飲み屋横丁にもぐり込む。その横丁の雰囲気を滝田節ともいえる独特の文体でこう紹介している。

〈どこもがみんなうれしい店だ。なかでも、駅側に抜ける一角に、ズラズラッと並んでいる安直なイッパイ飲み屋は、キャッチバーのある頃からのもので、この道三十年の大ベテランのおばちゃんなども、いまもってますますといった按配でハリキッテいる〉

この文章に添えられた絵がいい。木のカウンターの下に丸椅子が並び、たすき掛けで着物の袂をまくったおばちゃんが、徳利が立つカウンターをふきんで拭いている。奥にあるおでんの鍋から湯気が立ち上り、おばちゃんの頭上には、最近めったにお目にかからない裸電球が灯っている。

滝田ゆうは、よほどこの飲み屋横丁が気に入ったのか、筆がはずんでいる。

〈とにかく暖簾くぐるときの気分がなんともいえないのである。キキキィー、なんて椅子をずらして腰かけたときの安らぎがなんともいえないのである。そして、たちまちのうちにホロッときたところで、お代わりってな感じで、手首の力をぬいて、こう、グラスをかざしてみせる。あの一瞬がなんともいえないのである。しあわせしみじみなのである〉

手首の力を抜いてグラスをかざす一瞬のしあわせ、なんて素晴らしいフレーズはなかなか浮かばない。でも、この気持ち、呑んべえなら分かるなあ。

滝田ゆうが『下駄の向くまま』を書いたのは、三十年以上も前のことになる。いまは、この飲み屋横丁も区画整理でなくなったが、立ち退きになった店は、権之助坂に面したサンフェリスタ目黒という雑居ビルの中に入ったという。

というわけで、日が暮れて、いいころ合いになったこともあり、かつての横丁の店を探しに、サンフェリスタ目黒に飛び込んだ。階段で地下に降りてみると、細い通路の両側に、ちょうちんや看板がずらりと並び、かつての横丁を思わせる風情がある。間口の狭い焼鳥屋が並んでいるので、その中の一軒、「光《みつ》ちゃん」という店に入った。スダチ割りの酎ハイを頼んで、おかみに「こちらは以前、飲み屋横丁にあった店ですか？」ときいてみた。「横丁のときは、やっていなかったんですよ。このビルができてから入った店なんです」

外してしまったようだ。でも、まあいいか。品書きをしばし眺め、つくね、皮、首焼きを頼む。

出されたつくねを見て驚いた。まったく焼き色がついていなかったからだ。かといってナマではなく、中までちゃんと火が通っている。ホイルに包んで蒸し焼きのようにしているようだ。ユズの香りがほのかにして、柔らかい。つくねと言えば、たれでこんがり焼き上げたものが多いなか、この上品かつジューシーな逸品は珍しい。

皮は、じっくり時間をかけて焼き上げたので、脂が落ち、さっぱりしている。首焼きは、一般的にはせせりと呼ばれている部位だ。鶏の首のむき身である。これも、肉汁たっぷりで旨い。串が、普通の焼き鳥屋より長いようなので、きいてみたら「うちは、鰻用の串を使っているんです」。どうりで、食べ応えがあるわけだ。

サンフェリスタ目黒を後にして、権之助坂を下ると、先ほどの目黒川に架かる新橋に出る。この周辺にも戦後、屋台やバラックのような一杯飲み屋が集まっていたという。四十年ほど前、新橋のたもとにマンションが建ち、一階に周辺の飲み屋を入居させた。名付けて「目黒新橋飲食街」。マンションの新橋に面した側の電飾看板には「目黒新ばし　10店そろった大酒郷」と筆文字で書かれている。

飲食街に入る。若い人向けのワインバーや洋食居酒屋などが並び、サンフェリスタ目黒のような戦後屋台街の雰囲気はない。そんな中、縄のれんに赤ちょうちんが灯る「おおき」は、昭和の匂いを漂わす居酒屋だ。ここは、以前に何度か訪れている。

縄のれんを割って、コの字のカウンターに着いた。ウーロンハイを頼むと、ベテランのおかみが「うちのウーロン茶はちゃんと煮だしたのだから、おいしいわよ」と言って、冷蔵庫から容器を出して、焼酎のグラスにどぼどぼっと注いだ。肴は自家製のポテトサラダ。壁に黒板がかかっていて、チョークでつまみが書かれている。もう一品頼もうと思って、じっと目を凝らしていると、おかみがひょいと黒板を手に取った。

「これ、亡くなった主人が書いたの。消さないで取ってあるのよ」

「いやあ、それは、それは。大切にしなくちゃ」

　この会話が呼び水になって、おかみと亡くなったご主人とのなれそめや目黒新橋マンションで店を始めたきっかけを話してくれた。その間に、自家製のぬか漬けが冷蔵庫から出され、ウーロン茶と焼酎もどぼどぼっと注がれた。何だか、実家で、おふくろ相手に飲んでいるような気分になってきた。でも、飲み過ぎてはいけない。これから、もつ焼きの名店「ばん」で、目黒区の清涼飲料メーカー博水社の社長、田中秀子さんと飲むことになっているからだ。


「ばん」


　東急東横線の祐天寺駅に近い「ばん」に行くと、人気店なので満員だったが、ちょうど客が二人、勘定をして帰ったので、常連さんたちが座るテーブル席に着くことができた。

　マティーニ、ギムレット、スクリュー・ドライバー……。世界にはいろんなカクテルがあるが、目黒区が生んだ、日本を代表するカクテルもある。焼酎のハイサワー割りだ。博水社と言っても、どんな会社かピンとこない人も多いだろうが、ハイサワーをつくっている会社と言えば誰でも分かる。少なくとも東京に住む人間ならば。

僕と一緒にいる女性がハイサワー会社の社長さんだと分かると、周りの常連さんがうれしそうに話しかけてくる。見れば、皆さん、瓶にハイサワーと書かれた炭酸で焼酎を割り、搾《しぼ》った生レモンを入れて飲んでいる。実は、この「ばん」の名物、サワーが博水社の主力商品、ハイサワーの誕生に一役買っているという。田中さんが話す。

「うちはラムネ工場だったんですが、アメリカからコカ・コーラが入ってきて、窮地に追い込まれ、父が新商品を開発することになりました。そんなとき、当時は中目黒にあった『ばん』さんで、焼酎を炭酸で割ってレモンを入れて飲んでいるのを知り、ヒントにしたんです」

ラムネや清涼飲料は、冬場には売り上げが大きく落ち込むが、アルコール飲料なら一年間安定して販売できる。そこで、田中さんの父親で先代社長の田中専一氏は焼酎を割るための飲み物「割り材」をつくろうと考え、試行錯誤した結果、五年間かけて一九八〇（昭和五十五）年、ハイサワーを完成させた。こだわったのは、レモン果汁の品質だ。イタリア・シシリー島産のレモンの一番搾りだけを使っているという。一番搾りというのは、半分に切ったレモンの真ん中部分だけを搾った果汁のことだ。

「でも、父がつくったハイサワーを初めて飲んだとき、なんて酸っぱいの、と思った」と言って田中さんは笑う。この酸味が、焼酎を割るにはぴったりだったというわけである。

僕は、ハイサワーのルーツとも言える「ばん」の生レモン入りサワーを飲みながら、つまみは何がいいかなと思って壁の品書きをにらんでいたら、隣の若い男性が「てっぽうの辛みそ焼き、旨いよ。食べたことある?」と言うので、迷わず注文した。「ばん」の常連は皆、この店を愛してやまない、という気持ちが顔に出ている。てっぽうを勧めた男性は「僕は毎日、ここに来て飲んでるんだけど、もっと凄い人もいますよ。中目黒で開店したときから来ていると言ってるから、もう五十年以上通ってることになるんじゃないかなあ……」。半世紀以上ということになると、人生のかなりの時間をここ「ばん」で過ごしたことになる。ちょっと、うらやましいような店と客との関係だ。記憶が定かではないが、武田百合子が年に数回、村松友視、色川武大の二人を従えて飲むときには、確か中目黒の「ばん」で待ち合わせていたのではなかったか。

ところで、どうしてハイサワーという名前になったのか、皆さんご存じだろうか?田中さんが「父が、我が輩が考え出したサワーを縮めて、輩サワーという商品名にしたんです」と言うのを聞いて、僕は驚いた。まさか我が輩のサワーが語源だとは……。ちなみに、輩サワーの名称はちゃんと商標登録されているという。

さらに足をのばして㊻

みうら（渋谷）

オジサンも安心の「めしと酒」の店

渋谷は山手線を挟んで西と東で様相を一変する。西側のセンター街周辺には、茶髪、ピアス、タトゥーのガキどもがうじゃうじゃ集まり、オジサンたちの居場所はない。一方、東側には隠れ家的な渋いフレンチやバーが点在し、風景もどこかしっとりとしている。青山学院大にほど近いこの居酒屋も東側の穴場のひとつ。知る人ぞ知る名店である。

この店にはキャッチフレーズが二つある。ひとつは看板にも記した「めしと酒」。めし、つまり定食類が充実している。刺し身、焼き魚、フライ、炒め物……。昼だけでなく、夜の居酒屋タイムにも出しており、カウンターで飲む赤ら顔のサラリーマンのわきで、二人連れのＯＬが焼き魚定食を食べ、さっと帰っていったりする。ご飯にあう惣菜は、もちろん酒の肴としてもぴったりだ。

もうひとつは「渋谷で一番安い店」。主なメニューの値段を見ると、「もっと安い店

があるぞ」という声があがりそうだが、ボリュームが半端じゃない。コロッケは拳大のものがドーンと二つ、炒め物は大皿一杯盛られている。いずれも二、三人前はあるので結局、激安になる寸法だ。量だけじゃない。日本橋の老舗レストラン「東洋」で若いころ修業した主人、三浦陸紀さん（62）がつくる料理はどれも美味である。

「ここの名物は？」と聞くと、間髪を入れず「牛もつ煮込みよ」と、姉さん女房の光子さん。「遠くから食べに来る人もいるんだから」。カウンターには煮物、揚げ物が盛られた大皿が並ぶ。そのなかの一つ、南蛮漬けを注文すると、三浦さんが「今日はアジじゃなくてサンマ。塩焼き、あきちゃったから」と言って笑った。

週に二日は、嫁いだ娘の久保原さきさんが店に出て手伝う。ことしでちょうど開店三十年。家族経営だからこそ、都心でこれだけ安くて旨い店をやってこれたのだろう。

（二〇〇五年十一月）

てんまみち下北沢（下北沢）

おでん、刺身で厳選の日本酒を飲む

日本酒はいま、焼酎に押され気味だ。「居酒屋」ならぬ「居酎屋」と書かれた提灯を出す店さえ出てきた。わが身を振り返っても、最近は、もつ焼きに酎ハイ、ラフテーに泡盛、薩摩揚げに芋焼酎と、焼酎系で飲むケースがめっきり増えたようだ。「でも、たまには本物の旨い酒が飲みたい！」。こう思い立ったら、もう、下北沢に向かうしかない。

この店には、全国の約六十の酒蔵から取り寄せた無濾過、無調整の生原酒が揃っている。いずれも蔵と交渉し、分けてもらった逸品だ。「いろんな酒蔵を巡って搾りたての酒を飲むうちに、市販の酒では満足できなくなったんです」。主人の斉藤晃さん（41）は、二十年近く蔵を回っているという。品書きには焼酎やワインもあるのだが、注文されると、思わず悲しげな顔になってしまうこともあるそうだ。

斉藤さんに勧められ、歓びの泉（岡山県）や瑞冠（広島県）などの大吟醸、純米吟

醸を飲む。いずれも低温で保管した生原酒。華やかな香りがあり、アミノ酸が多いせいか、舌にしっとりとした滋味を感じる。「この旨さは焼酎にはないよなあ」としみじみ思う。

酒にはやはり、魚が合う。造り盛り合わせは、大皿に新鮮な海の幸があふれ、食べ応え充分。自家製鮎の開きや肝入りスルメイカ丸干しを炭火で炙ってもらうのもいい。名物はおでんだ。大根は、おぼろ昆布と糸鰹、青ネギをかけて出される。玉子には北海道産のイクラがたっぷり載り、牛スジには青ネギ、ゆずポン酢がかかる。ゴーヤー、トマト、たこ焼きなどの変わり種も豊富。だしは昆布と鰹でとった関西風の薄味である。たこ焼きを頼んだら、このだしがしみ込んで、明石焼きのような味になっていた。

おでんにはカラシはつかない。「吸い物のような上品なだしなので、カラシではなくて七味で合わせてほしい」と斉藤さん。もちろん、おでんも店の美酒にぴったりと合う。

（二〇〇六年七月）

さらに足をのばして㊽

藤八（中目黒）

自家製にこだわる〝食べる居酒屋〟

飲むとき、あまり食べる方ではないのだが、この店に来ると、思わず知らず箸がすすんでしまう。自家製の肴が多いのが何よりうれしい。とりあえず、壁にびっしり貼られた品書きの中から「自家製」と冠されたものを選び、注文した。

自家製さつま揚げは、白身魚のすり身に、玉子と千切りのゴボウ、ニンジン、キヌサヤを混ぜた逸品。揚げたてが出てくる。箸で割って一口含むと、ふんわり滑らかな舌触りに驚かされる。市販のさつま揚げとはまるで違う食感だ。はんぺんも自家製。蒸し上がったばかりのそれは、舌の上でとろけるような柔らかさ。カニの身がトッピングされ香ばしい。

中華の定番、腸詰めも店のオリジナルだ。カリッと焼けた皮をかじると、肉汁が口に広がり、思わず「旨い！」。肉じゃがコロッケは、いったん肉じゃがをつくり、いもを潰してパン粉をつけて揚げた品。肉じゃがの味付けがあるので、ソースやしょうゆは必要ない。

添加物たっぷり、大量生産の食品があふれる現代に、こんな手のこんだ肴が次から次へと出てくる居酒屋があるとは……。「自家製にこだわるのは、出来合いのものとは違う品を出していきたいと思っているからなんです」と店長の田中研司さん（54）は話す。

ことしで創業二十九年目。当初は、やきとんや煮込みが中心だったが、今は刺身やまぐろのカマ焼などが人気だ。客層も、昔は職人やサラリーマンら男性一色だったが、最近は、近隣のアパレル会社ＯＬや美容師ら女性客も増えて店内は華やかになった。

酒類は、ビール、焼酎、酒のほか、黒ホッピーやマッコリなどの曲者も揃い、充実。大きな店だけに、多彩な肴を揃えるのは大変だろう。「仕事の六、七割を占めるのが仕込み。これに時間を使わないとやっていけません」。〝食べる居酒屋〟の締めは名物のうどんだ。関西風の昆布だしで、これを目当てに来店する人も多いという。

（二〇〇六年十月）

さらに足をのばして㊾

銀魚（自由が丘）

色鮮やかな食菜の競演

キンギョではなくてギンギョ。ユーモラスな響きの店名が秀逸だ。「インパクトのある名にしたかったんです。思わず笑ってしまうような感じもありますし」と、おかみの守屋ひとみさん。「銀」にこだわったのには訳がある。ここは元々、ひとみさんの母親が営んでいた「銀寿司」という老舗店だったからだ。

寿司店時代から引き継いだ幅広なカウンターが目をひく。カウンターの両端には、いつも季節の花。この日は見事な枝振りの琉球ツツジが咲き誇っていた。

花の谷間には、新鮮な野菜と大皿料理が並ぶ。この色とりどりの食菜の競演が、何よりも店を美しく飾る。

目に鮮やかな野菜はムラサキアスパラ、赤なす、つくね芋など珍しい品々。大皿料理は毎日午前中から六～八品を仕込む。きんきの煮付け、新じゃが煮っころがし、サワラのパイ包み、と箸の進みそうな料理ばかりだ。

「年配のお客さんが多いので、心から健康になってもらいたい。上質な家庭料理を出していきたい、と思っています」と主人の守屋柾彦さんは話す。

柾彦さんが魚市場の仲買をしていたので新鮮な魚介類も魅力だ。ウニや関サバなどの刺身だけでなく、フジツボ、ナマコの卵巣を乾燥させたばちこ、など珍味も充実している。

飛露喜、鳳凰美田などの銘酒を凍らせた竹筒に入れて出す。「竹筒は、冷酒が温まらないからいいんです」

和服姿の女性店員が鰹節を削る「シャッ、シャッ」という音が聞こえてきた。そう言えば昔、おふくろもああやって削っていたっけ……。

気がつけば、民家のような店の雰囲気に、すっかりくつろいでいた。

（二〇〇八年七月）

さらに足をのばして㊿

銘酒処　地酒家（中延）

美酒と佳肴で養生する大人の隠れ家

玄関に「荏原町養生所」の大きな看板が掲げられ、「診療中」の札が下がる。「ここで飲んで一日の疲れを癒してほしい、という気持ちから別称を荏原町養生所としました」と、主人の飯塚全兵衛さん。あまりにもリアルな門構えと看板に、「こちらでは何を診てもらえるの？」と、おばあさんが訪ねて来たという笑い話もある。

飯塚さんは建設会社で東北・上越新幹線の橋梁の仕事に携わった。二十七年前、三十二歳でこのビッグプロジェクトは終了。心にぽっかりと穴が開き、新たに燃えるものを探していたとき、思い出したのが工事で訪れた地で飲んだ地酒の旨さだった。「自宅を改装して地酒の店をやろう」。まったく料理経験はなかったが、脱サラして開店。魚の卸し方は本を見ながら覚えた。

路地裏の住宅街にあるので「三カ月でつぶれる」と地元商店主らに心配されたが、客は増え続け、店の会員は五百人。壁一面に掛かる会員札には有名俳優やスポーツ選手の名もある。

冷蔵ケースには約百二十種類の酒。山形「雪漫々」、埼玉「神亀」、和歌山「黒牛」など通好みの銘酒が揃う。

肴は新鮮な刺身をはじめ、はも皮酢の物、いわしだんご焼き、など酒がすすみそうなものばかり。

名物はフォアグラの味噌漬だ。田舎味噌に漬けたフォアグラをさらに燻製した逸品で、口に入れると桜チップの香りを残し舌の上で溶けていく。

美酒と佳肴で陶然となっていると、締めのキノコ入りすいとんが出た。温かい煮汁が、飲み疲れた胃に染みる。これでは、〝養生〟しに毎日でも通いたくなってしまう。

（二〇〇八年十二月）

結ふ食　楽屋（SASAYA）（経堂）

地産の食材でつくる心尽くしの料理

地産地消。聞こえのよい言葉だが、産地偽装が横行する昨今、これを忠実に守っている店は希だ。

普通、店舗を決めてから食材の仕入れ先を探すのだが、三年前にオープンした長谷川知子さんのやり方はまったく逆だった。

「地元で採れる新鮮な野菜を手に入れやすいので、ここでお店を始めました」

等々力に無農薬、有機農法で知られる大平農園があり、近在に地元農家の畑も広がる。人参、ブロッコリー、菜花、銀杏……。〝せたがやそだち〟の季節の野菜をふんだんに使った料理が自慢だ。

最初に出たのは、そら豆と干し桜海老のがんもどき。旬の食材がからっとキツネ色に揚がり、食欲をそそる。筍と薄揚げの炊込みご飯は、注文を受けてから土鍋で炊く。お焦げが香ばしい。

こだわりは野菜だけではない。茨城県八郷町「たまごの会」の有精卵を使い、小田原直送の魚を仕入れる。「築地を通さないので、朝捕れたばかりの魚が手に入るんです」。日本酒、ワイン、焼酎、泡盛と酒類も豊富だ。毎日、手に入った品によってコース料理を決める。

長谷川さんは西荻窪の「たべごと屋のらぼう」で四年間、修業。あくなき食への探求心を培った。

店名は、万葉集で「楽」を「ささ」と読むことに由来する。小さく、かわいいというニュアンスがある。十二席のおしゃれな、この店にぴったりだ。「結《ゆ》ふ食」は「夕食」にひっかけた造語。食べものを通した人と人とのつながりを大切にしたいという思いを表す。

「店を始めてから、私も、お客さんと知り合い、生産農家の人たちとのつながりもできました」

（二〇〇九年五月）

ほんまもんの酒を求めて

某夜、ほろ酔いで東京・下町の裏通りを歩いていたら、「居酎屋」と書かれた暖簾が目に飛び込んできた。「いちゅうや?」。読み間違えたのかと思ったが、真ん中の字は、やはり「酒」ではなく「酎」となっている。暖簾の隙間からのぞくと、焼酎や泡盛の品揃えは半端ではない。酒ではなく焼酎を置いているから「居酎屋」。日本酒離れ、焼酎ブームも遂にここまできたか、という思いがした。

日本酒の人気が衰退したのは、淡麗・辛口の酒ばかりを偏重してきたことと無縁ではないだろう。一時は、居酒屋に並ぶのは淡麗な吟醸酒ばかり。それも冷やして出すのが当たり前で、燗を頼むと、主人に白い目で見られかねなかった。

最近は、濃厚で甘口の酒も出回るようになり、燗酒の人気も復活してきたが、〝淡麗信仰〟もまだ根強く残っている。そんな中、純米酒だけ、それも生酒から二十年物の古酒まで置いている酒場が京都にあると聞いた。「酒ＢＡＲよらむ」である。酒をこよなく愛するイスラエル人の男性が営むこの店を訪ねてみた。

チーズに合う酒

「いろんな酒を味わってほしいから、利き酒のセットには力を入れています」

幅の広いカウンターの向こうで、オフェル・ヨラムさんは流ちょうな日本語で話す。客の要望を聞いたうえで、六〇mlのグラス三杯のセットをつくる。この日は「しぼりたて新酒」「チーズに合う酒」「古酒」利き酒三セットが並んだ。

「しぼりたて新酒」セットの三杯は、いずれも味、香りに個性が光る。とくに「奥播磨」（にごり酒）は酸味があって発泡し、シャンパンのような趣があった。

「チーズに合う酒」の発想はユニークだ。出されたチーズは塩味の効いた三種。これが「無手無冠」「真稜」（山廃大吟醸）など個性的な純米酒に寄り添い、味のクセを和らげるから不思議である。

「飲みに行っても酒の種類が少ない店が多い。種類があっても一合単位でしか頼めないから、あっという間に酔ってしまう。こんな不満を自分の店で解消しようと、少量で気軽に楽しめるセットを始めたんです」

この店を訪れたら、ぜひ味わいたいのが古酒である。「古酒」利き酒セットのうち、能登三年酒はメーカー自らが古酒として発売した酒だが、残る二つは酒屋の倉庫に眠るうち自然熟成して古酒となった逸品だ。ここでしか飲めない酒ともいえる。

ヨラムさんは十八年前に来日。友人と行ったキャンプ場で初めて純米酒を飲み、目をみはった。それまで近所の酒屋で買って飲んでいたパックの酒とは、味も香りもまったく違っていたからだ。その後、大徳寺近くの酒屋「鵜飼商店」に通うようになり、古酒の魅力に取りつかれた。今は、自宅の離れでさまざまな純米酒をねかせて熟成させている。離れは、冬は零度近くに下がり、夏は三〇度を超える。「そんなことをしたら酒が悪くなるのでは」とつい心配してしまうが……。

「寒暖の差があった方が酒は熟成します。劣化と変化とは違う。ねかせるのは、もちろん、酒を劣化させるためではなく、よく変化させるためです」

ヨラムさんによると、冬を越して翌年夏を過ぎるまでねかせると「青い酒が、まるい酒になる」という。よく知っている酒は熟成させるとどんな味になるか見当がつくが、初めてねかせた酒は、封を開けてみないと味がどう変化したか分からない。一種のバクチともいえるが、それが酒を熟成させる楽しさでもある。

この店で最も強烈な個性をもつ古酒は、「寛文の雫」だろう。茶色に近い濃厚な色。口に含むと、プラムのような甘酸っぱい香りが鼻腔に広がる。黙って出されたら、果実のリキュールと思うかもしれない。

ベルギービール目指す

淡麗でないと酒ではない、という風潮はさすがに影を潜めたが、淡麗な味にするため酒を濾過するメーカーもまだまだたくさんあるのが現状だ。

「日本酒には、醸造酒独特の色や味があるのに、それを濾過してわざわざ抜くようなことをするなんて……。もったいないし、ほんまにあほらしい」

思わず飛び出した関西弁に力がこもる。ヨラムさんは甘い酒は好きだが「べたっとする、締まりのない酒はキライ」。純米でボディがあり、酸のある酒が好みだという。四年前の開店時から、自分で飲み、納得した酒だけを置く。銘柄や産地で仕入れはしない。

希少な酒もある。亀萬酒造の「万」は、磨いていない玄米を砕いてつくった酒。琥珀色でとろりとして、蜂蜜のような甘味がある。赤米の酒、「伊根満開」は、爽やかで強い酸味が口に広がる。

客は二十代後半〜五十代が中心で、女性が三〜四割。外国人は一割ほど。蔵元や杜氏が来ることもある。「酒はこういうもの」という先入観がないので、若い人のほうが熟年よりも古酒を受け入れてくれるという。

「京都で、古い町家に住むのが若い人たちに流行っているのは、彼らが町家を知らないので新鮮に感じるから。酒も同じ。知らないから珍しく、新鮮なんです。今の日本の若者は、まるでガイジンみたい」。ヨラムさんは、いたずらっ子のように笑う。

米の旨みがある「ほんまもんの酒」をもっといろんな人たちに飲んでもらいたいというのが、ヨラムさんの願いだが、決してブームにはなってほしくないという。ヨーロッパの対照的な二つの国を引き合いに出して、その理由を語った。

「日本酒は、ベルギービールのようになってほしい。お隣のオランダのように、一つのビールメーカーが市場を席巻するようになっては駄目です。ベルギーのように、小規模の蔵が、個性のある、いろんな酒をつくり続けてほしいんです」

そのためにも、ヨラムさんはこの店で、多様な酒の世界を紹介していくつもりだ。

（二〇〇五年三月）

あとがき

十年ぶりに酒場巡りの本を出すことになった。ちくま文庫に拙著『下町酒場巡礼』（平岡海人、宮前栄との共著）が収録されたのは二〇〇一年九月。その後、雑誌やサイトに書いた酒場や酒についての記事やコラムなどをまとめたのが、本書である。

二〇〇〇年から〇九年までの十年間をひとまとめにして「ゼロ年代」と呼ぶことがある。例えば、この間に話題となった映画や本、音楽などを紹介するとき、「ゼロ年代アメリカ映画ベスト10」「ゼロ年代ミステリー傑作選」というような言い方をする。その伝でいくと、本書は「ゼロ年代東京酒場巡り」と言えるだろう。

というわけで、取り上げたのは四、五年から十年近く前に取材した店ばかりである。本にまとめる際、いまも営業しているか心配になって確かめてみると、閉店したのはわずか二店だけだと分かり、胸をなで下ろした。

いずれも夫婦や親子など家族で営む小さな酒場なのだが、常連の客がつき、地元にしっかりと根を下ろしているという証だろう。

前著『下町酒場巡礼』は、自分たちの好きな居酒屋に通い、そこで客として見聞きしたことを書き留めた。今回は、雑誌に掲載することを前提に、主人やおかみに店の来歴や自慢の逸品などについてじっくりと話を聞いて文章にした。

また、前著は全編、東京下町にある酒場の探訪記だったが、本書は各章の冒頭に町歩きの文章を書き加えた。当初は、各章ごとにまとめた酒場記事へとつなげる、イントロダクションのつもりだったが、いざ書き出してみると、面白くてやめられない、とまらない。あの神社・仏閣を取り上げたい、この隠れた名所も伝えたい、となって、どんどん膨らんでしまった。冒頭、酒場巡りの本と書いたが、結果として、町歩きが中心の本になったようだ。

最後に、「ゼロ年代」の酒場巡りにつきあってくれた編集者の田中清行さんと堀内恭さん、なかなか書き上がらない町歩き原稿を辛抱強く待ってくれた筑摩書房の青木真次さん、装幀と地図を担当した吉田富男さんに感謝したい。

二〇一二年六月

大川　渉

解説　ミドル級呑んべえチャンピオン

堀内　恭

とても解説など書ける柄ではないので、大川渉さんの印象を思い出すままにいくつか綴ってみたい。

たとえば、大川さんと北千住あたりを町歩きをする。路地をふらつき、飲み屋街を歩いていると、ふと大川さんの足が止まる。素人の目には一見ごく普通の居酒屋に見える。その店の外観を見て、何か匂うのか……。「入ってみましょうか」と大川さんが店に入る。

これが、酒は安い、肴は旨い。店の雰囲気は落ちつくうえに、八十歳を過ぎた名物女将がいたりする。「当たりだったね」と大川さんが嬉しそうに呟《つぶや》く。

たとえば、ある夏の日。うだるような暑さ。大川さんと待ち合わせて、新宿区内を町歩きする。が、歩いているうちに酷暑で喉がカラカラになり、つい大川さんに「自販機でペットボトルの水でも買いましょうか」と訊ねる。

すると、「申し訳ないけれど、今飲むと、喉の渇きがいやされてしまって、今日新宿東口で最初に飲むビールが旨くないので、いりません」と汗だくの大川さんがキッパリと答える。

たとえば、赤羽あたりの店で大川さんと飲む。店は混んでいて、やっと長いカウンターの隅に二人座れる。大川さんがサッポロのラガービールを頼む。喉にしみる旨さと安い肴に酔いしれる。やがて、大川さんとの野球談義に花が咲く。

少年時代には「阪急ブレーブスこども会」に入っていた大川さん（今は千葉ロッテマリーンズのファンらしいが）。まだ西京極球場がガラガラで、外野席にいた恋人たちのいちゃつく様子がよく見えたらしいが、あの頃の、稲尾和久、米田哲也、梶本隆夫、足立光宏、山田久志、鈴木啓示らの人気のなかったパリーグ投手の伝説話に夢中になる。「西鉄の池永正明、あいつの球は速かったなァ」と懐かしそうな目で大川さんが呟く。

たとえば、浅草あたりの店で大川さんと飲む。その一見ごく普通の店の前は何十回も通っているのに、入るのは初めてである。名物の牛すじ串煮を大川さんが頼む。コトコトと煮込んだ味が腹にしみいる。やがて、大川さんとの関西漫才師談義で盛り上がる。

海原お浜・小浜、島田洋介・今喜多代、海原千里・万里ら、大阪出身の大川さんが子供時代から親しんだ漫才師たちだ。中でも一時は横山やすし・西川きよし以上に人気のあったWヤングの話になると、つい話が熱くなる。「借金に追われて失踪した中田治雄が熱海の錦ヶ浦で自殺せずに、あのコンビが、あと半年続いていたら、MANZAIブームに乗ってテンポの速いしゃべくりが天下を取れたのに……」と大川さんが悔しがる。

大川さんとは「下町酒場巡礼」（平岡海人・宮前栄との共著／ちくま文庫）という本を、今はなき四谷ラウンドという出版社から出した時、著者と編集者という関係で初めてお会いした。もう十数年の長いお付き合いをさせてもらっている。

大川さんが「いい店を見つけたので、ちょっと行ってみませんか」と声を掛けてくれて、元四谷ラウンド（現・市井文学）の編集者、田中清行氏らを交えて飲んだりするが、どの店も「オオカワワタル的」雰囲気を漂わせている。どこか昭和の匂いを濃く感じさせる店ばかりだ。たまたまその店が休みだったりしても、しばらくふらふら町を歩くうちに、その眼力と嗅覚で必ず良い店を探し当ててくれるから、一緒に歩いていて、こんなに安心できる案内人はいない。

「下町酒場巡礼」トリオは、ヤンチャな長男・宮前さん、しっかり者の次男・大川さん、食いしん坊の三男・平岡さんといったとても個性ある人（呑んべえ）たちだが、そのリーダーとしてまとめ役にあるのが、大川さんだと思う。

本書では、東京二十三区のさまざまな居酒屋五十一軒が登場する。店の取材に僕も同行させてもらったり、大川さんが取材して後から写真撮影だけに訪れたりして、その約七割の店で、本当に楽しい時間を過ごさせてもらった。

大川さんと一緒の時は、大川さんが店の人に訊ねたことをメモ帳に書き取り、それが終ると、ひたすら飲み食べた。至福の時間が流れた。写真撮影の時は料理や店構えを撮影したが、「この前取材した大川渉の紹介で……」と言うと、どこの店の人も「ああ、大川さんの……」とニヤっとした。店の人にとって大川さんは、店を理解してくれる、心強き良いお客さんだったのだろうと思わせた。

終着駅は居酒屋であるが、大川さん、じつに町歩きをされている。つげ義春の漫画の舞台を訪ねたり、滝田ゆうが愛した飲み屋横丁を散策したり、林芙美子の旧宅に思いをはせたりと、その町歩きそのものが時空を超えて、魅力的だ。滝田ゆうやつげ忠男の漫画の世界のようで、懐かしい。そしてちょっと侘しさもある。第八章で登場する目黒駅前の立ち食いソバ屋「田舎」、えっ、あんなところでもソバを食べていたのか……と感心する（僕もあの店で雨の日に吹きさらしでたまに食べるけれど、あんなに哀愁を感じる立ち食いソバ屋はない）。

大川さんの趣味は、将棋（あの羽生善治十九世名人に『大川さんは将棋のカルトですねえ』と驚嘆されたほどだ）、野球、文楽、ブルース・ギター、相撲、小説、プロレス、山登りなどその守備範囲が広い。いったいあれだけ酒を飲みながら（わずか五歳から酒に親しんでいるとか）、一方で没頭できる趣味の時間をこっそり作っていることに驚く。

　ジャズのテナーサックス奏者にハンク・モブレーがいる。ハートウォームな演奏を聞かせてくれる僕の好きなジャズマンだが、「ハンク・モブレーはテナーサックスのミドル級チャンピオンである」と評されている。それは良い意味でもあり、悪い意味にも取れる。ヘビー級ではないが、どこか懐かしき音、負け行く者のため息、それが彼の魅力だ。

　大川さんの書く文章や取り上げる人物にも、モブレー同様のどこかハートウォームな「懐かしき音」や「負け行く者のため息」を感じる。だから、大川さんは〈ミドル級呑んべえチャンピオン〉ではないかと密かに思っている。

　作家の三浦綾子が「人間はな、景色でも、友だちでも、懐かしいものをもっていなければならん。懐かしさで一杯のものを持っていると、人間はそう簡単には堕落しないもんだ」と書いてある。大川さんには、これからも酒場めざして町歩きしながら、懐かしき文章を一杯書いてほしいと思う。

　　イーグルス「テキーラ・サンライズ」を聴きながら……。

（ほりうち・やすし　「入谷コピー文庫」編集人）

けむり　千代田区神田須田町1-11-5　03-5294-0035
祇園　文京区本郷5-1-16　03-3811-2413
季節料理　姿　新宿区神楽坂3-10　03-3268-5587
愛情小料理　筑前　新宿区荒木町7　03-3355-2730
大山酒場　（閉店）
千世　大田区羽田3-2-4　03-3744-1590
山幸　江東区富岡1-4-5　03-3641-8188
深川　志づ香　江東区門前仲町1-4-10　03-3641-6704
割烹　い奈本　港区芝浦1-11-11　03-3451-1647
季節料理　こばやし　大田区山王2-1-8　03-3774-4717
まるよし　北区赤羽1-2-4　03-3901-8859
金ちゃん　練馬区豊玉北5-16-3　03-3994-2507
酒食処いち　豊島区西池袋3-29-11　03-3986-2228
鏑屋　板橋区大山町14-6　03-5995-9941
小石川かとう　文京区小石川5-5-2　03-3943-0145
蕎麦人　弁慶　文京区音羽2-11-18　03-5319-2341
千草　新宿区新宿3-34-3　03-3354-7634
きよ香　杉並区高円寺北3-22-2　03-3339-5722
樽酒　路傍　中野区中野5-55-17　03-3387-0646
東菊　（閉店）
酒舎　はなや　杉並区阿佐谷南3-34-8　03-3391-2381
みうら　渋谷区渋谷2-4-4　03-3407-4535
てんまみち下北沢　世田谷区北沢2-20-2　03-5486-0088
藤八　目黒区上目黒1-3-16　03-3710-8729
銀魚　目黒区自由が丘1-3-21　03-3724-0670
銘酒処　地酒家　品川区中延5-11-19　03-3784-3871
結ふ食　楽屋（ＳＡＳＡＹＡ）　世田谷区経堂5-29-20
03-3439-4308

「さらに足をのばして」で紹介した酒場

三州屋　中央区銀座2-3-4　03-3564-2758
銀座ささもと　中央区銀座4-3-7　03-3564-5881
てまり　港区新橋2-9-11　03-3592-2280
割烹　大徳（現・馳走　大徳）　港区新橋3-9-6　03-3431-4148
榊　港区芝大門2-3-17　03-3431-3825
魚料理　芝文　港区浜松町1-14-8　03-3432-4048
築地はなふさ　中央区築地7-14-7　03-3546-1273
貝焼き屋台　和光　中央区築地6-2-4　niwatok@ezweb.ne.jp
春　葛飾区柴又4-8-16　03-3657-3518
ろばた焼　幹　江戸川区松江4-14-15　03-3654-4806
割烹　升本　江東区亀戸4-18-9　03-3637-1533
ちゃんこ　北瀬海　江戸川区西小岩1-21-22　03-3672-7393
とりあへず　葛飾区四つ木2-8-8　03-3697-6306
ゑびす　葛飾区四つ木1-32-9　03-3694-8024
地酒・小料理　さくらい　葛飾区立石8-1-17　03-5670-7188
一代　台東区浅草1-18-9　03-3844-5007
割烹　十味小野屋　台東区浅草1-39-9　03-3841-2925
三四郎　墨田区江東橋3-5-4　03-3633-0346
千両　足立区千住2-52　03-3870-2415
ときわ食堂　荒川区荒川7-14-9　03-3805-2345
味和居割烹　たむら　台東区入谷1-25-3　03-3874-9544
和味　台東区谷中3-11-11　03-3821-5972
ふじ芳　台東区浅草橋4-1-2　03-3866-6229
いちこう　千代田区神田神保町1-12-3　03-3291-5559

17-1

本書は、書き下ろしの町歩きの文章に、「ツインアーチ」（東京商工会議所）、「ｄａｎｃｙｕ」（プレジデント社）などに発表した酒場紹介記事やコラムを追加した文庫オリジナルです。

写真　田村友孝／大川渉
デザイン・地図作成　吉田富男

ちくま文庫

酒場《さかば》めざして　町歩《まちある》きで一杯《いっぱい》

二〇一二年七月十日　第一刷発行

著者　大川渉（おおかわ・わたる）
発行者　熊沢敏之
発行所　株式会社　筑摩書房
東京都台東区蔵前二―五―三　〒一一一―八七五五
振替〇〇一六〇―八―四一二三
装幀者　安野光雅
印刷所　明和印刷株式会社
製本所　株式会社積信堂

乱丁・落丁本の場合は、左記宛にご送付下さい。
送料小社負担でお取り替えいたします。
ご注文・お問い合わせも左記へお願いします。
筑摩書房サービスセンター
埼玉県さいたま市北区櫛引町二―六〇四　〒三三一―八五〇七
電話番号　〇四八―六五一―〇〇五三

ISBN978-4-480-42936-0 C0195